Plantes grimpantes

Plantes grimpantes

Texte de Jan Tykač

Illustrations de František Severa

Gründ

Garantie de l'éditeur

Pour vous parvenir à son plus juste prix, cet ouvrage a fait l'objet d'un gros tirage. Malgré tous les soins apportés à sa fabrication, il est malheureusement possible qu'il comporte un défaut d'impression ou de façonnage. Dans ce cas, ce livre vous sera échangé sans frais.
Veuillez à cet effet le rapporter au libraire qui vous l'a vendu ou nous écrire à l'adresse ci-dessous en nous précisant la nature du défaut constaté. Dans l'un ou l'autre cas, il sera immédiatement fair droit à votre réclamation.

Libraire Gründ — 60 rue Mazarine — 75006 Paris

Deuxième tirage 1987
Traduction de Yvette Joye
Arrangement graphique par Miloš Lang

ISBN 2-7000-1812-5
Dépôt légal : février 1985
Imprimé en Tchécoslovaquie par Svoboda, Prague
3/15/11/53-02

Caractéristiques des plantes grimpantes

Les plantes grimpantes forment, hors du sol où elles sont enracinées, de longues tiges herbeuses ou ligneuses généralement molles, souples et peu ramifiées. Elles commencent par pousser droit ou à ramper, mais ensuite il leur faut un certain appui pour accéder à une position favorable vers la lumière. Elles se développent autour de leur support, s'y accrochent ou s'y appuient. Dans la nature, ce support leur est offert par une plante voisine plus haute comme un tronc d'arbre, ou une pierre, ou un rocher. Dans la maison, le jardin, l'homme leur procure divers appuis de bois ou de métal. Sans soutien, elles rampent ou retombent. Ces plantes sont appelées «lianes», peut-être de l'espagnol *liar* = attacher, lier.

On connaît jusqu'à présent plus de deux mille espèces de plantes grimpantes. La plupart des plantes grimpantes sont spontanées dans les forêts tropicales humides d'Afrique, d'Amérique du Sud et des îles de l'océan Pacifique. D'autres espèces croissent dans les bois clairs, les versants broussailleux des régions subtropicales en Asie du Sud-Est, Amérique du Nord, et éventuellement en Méditerranée. On y range des arbustes, arbrisseaux et herbacées annuelles et vivaces.

On classe les plantes grimpantes en plusieurs groupes, selon leur façon de s'accrocher à leur support. Les plus répandues ont des tiges volubiles. Le sommet pousse d'abord vers le haut, et cherche un soutien par des mouvements de torsion. Dès que la pointe de la tige entre en contact avec un support, elle commence à s'enrouler autour. La plupart de ces espèces sont lévogyres, comme par exemple l'aristoloche, le haricot et la glycine. Parmi les dextrogyres, citons : la renouée, le houblon, le chèvrefeuille. Certaines espèces sont très actives, par exemple le liseron fait un tour de son support en deux heures. D'autres espèces sont plus lentes, mais elles développent une grande force : une glycine peut étrangler un jeune arbre, écraser une gouttière, desceller une grille, etc.

Beaucoup d'espèces de plantes grimpantes tropicales sont munies de vrilles minces, souples et parfois ramifiées. Dès qu'une vrille touche un support, elle s'enroule autour. Exemples : vigne vierge et passiflore. Cobéas, courges et petits pois ont des tiges rampantes feuillues. Certaines vignes vierges, à l'extrémité de leurs vrilles, sont munies de petits disques sécrétant une substance gluante qui permet à la plante d'adhérer à un support relativement lisse. La gloriosa se fixe par les petits crochets de la pointe de ses feuilles. Certaines lianes comme les clématites et capucines sont aidées par de longs pétioles, voire par la queue de leurs fleurs.

D'autres espèces de plantes grimpantes sont munies, surtout sur leurs jeunes pousses, de petites racines agissant comme de véritables crampons : bignone, fusain, lierre, hortensia grimpant.

Certaines lianes assurent leur appui par des racines aériennes qui descendent de leurs tiges vers le sol où elles s'enfoncent : philodendron, monstera et autres plantes des forêts tropicales humides.

D'autres espèces prennent appui sur un arbuste, un mur ou tout autre support par leurs tiges sarmenteuses munies d'aiguillons : rosier grimpant, ronces, bougainvillées, jasmin de Virginie.

Dans cet ouvrage nous traiterons aussi d'espèces qui, sans être à ranger dans les lianes, les complètent pourtant. Ce sont des plantes qui ne s'enroulent point, et elles ne sont pas munies d'organes accrocheurs. Il faut soit les attacher à un tuteur, soit les laisser retomber, s'étaler au sol : exemple *Aeschynanthus* et *Columnea.*

Utilisation des plantes grimpantes, rampantes et retombantes

Peu de plantes offrent tant de possibilités d'utilisation. Ces plantes conviennent à tout amateur. On les sème ou on les plante au jardin, comme à l'intérieur. Certaines espèces conviennent ici ou là, au choix. Il y en a de très peu exigeantes, parfaites pour le jardinier débutant ; d'autres, très délicates, qui feront l'orgueil du jardinier spécialisé. L'habitat moderne est égayé par des fleurs, des plantes, des parois de verdure, des fruits. On peut se laisser guider par sa fantaisie, profiter des propriétés diverses des plantes pour réaliser de charmantes combinaisons. Des «pluies» de verdure formeront de délicieux *claustra,* des touffes de verdure se placeront dans de grandes caisses ou seront indispensables pour un jardin japonais, présenté dans un récipient en verre.

Dans le plus petit des jardinets, une plante grimpante aura toujours sa place. Comme elle ne constitue pas l'unique plantation, point n'est besoin de recul pour en apprécier le charme. Les diverses composantes des architectures de jardins, tonnelles, charmilles, arceaux, *claustra* et haies jouent leur rôle grâce aux plantes grimpantes. Ces dernières sont idéales pour dissimuler de vilains murs ou de fâcheux bâtiments, et elles ne demandent qu'un minimum de soins, enretien et protection.

Plantes murales

Pour orner les murs, on laisse soit les plantes se développer librement, soit on les dirige. Dans les maisons, les murs étant plus ou moins lisses, si l'on veut y faire grimper des plantes il faut leur fournir un point où s'accrocher. Une solution simple : fixer un fil en un point derrière la plante, pour permettre à celle-ci de se déployer en rayons. Ne pas coller le fil au mur, il faut un peu d'espace pour que la plante s'y maintienne.

Si une plante doit couvrir une grande surface, il faut qu'elle ait assez de terre pour développer ses racines : un bac en métal, ciment, céramique ou matière plastique sera posé à même le sol ou fixé au mur. On le remplit de terre ou on y place des pots, ce qui facilite le changement des plantes. Si l'on met plusieurs plantes dans un bac, mieux vaut qu'elles soient toutes de la même espèce. La verdure ne doit pas couvrir complètement le mur, mais seulement l'égayer.

On mettra bien en valeur les plantes à rameaux retombants en plaçant le pot ou la coupe sur une plaque de verre fixée au mur. Le pot sera placé dans un cache-pot de céramique ou autre matière imperméable, pour protéger le mur lors des arrosages. Les plantes retombantes suspendues librement dans l'espace, loin des murs, sont aussi d'un bel effet décoratif. On veillera à les mettre hors du passage et à ce qu'elles aient assez de lumière.

Les pots ou bacs ne sont pas indispensables : une noix de coco peut offrir également une très heureuse solution. On coupe le sommet de la noix, on la vide, on perce un trou de chaque côté pour y passer un cordon de suspension. Cette coupe naturelle peut abriter deux ou trois plantes. Un bambou un peu gros, d'environ 40 cm de long, suspendu horizontalement, constituera aussi une bonne solution. On l'évide entre deux noeuds, on y met de la terre, et on plante. Noix de coco et bambou accueilleront particulièrement bien : *Ceropegia, Cissus, Columnea, Rhaphidophora,* etc.

Plantes grimpantes cultivées en milieu aquatique.

Dans tous les récipients suspendus, les racines des plantes sèchent relativement vite. Il faut arroser régulièrement. Le mieux est de plonger le pot dans l'eau pour que les racines la pompent. On le constate lorsque cessent de se former des bulles d'air. On laisse bien égoutter l'excès d'eau avant de remettre en place. Là où cela n'est pas possible, il faut arroser avec précaution, en veillant à ne pas laisser d'eau stagner dans le fond. Eviter l'un et l'autre excès : trop d'eau ou pas assez.

Outre le mode traditionnel de culture dans la terre on peut aisément développer des plantes d'appartement dans un liquide. Il existe sur ce procédé une abondante littérature que tout amateur pourra aisément consulter.

Claustra de verdure

Dans les appartements modernes, on trouve assez souvent des écrans de séparation, des *«claustra»,* grilles de métal, de bois, brique, pierre ou matière plastique.

Les plantes grimpantes installées au pied de ces «murs» y seront attachées au début de leur croissance ; par la suite elles s'y accrocheront d'elles-mêmes. Une grille décorative en soi, ou une paroi de forme esthétique ne recevront qu'un faible complément de plantes à petites feuilles, et sans fleurs. Un écran de séparation plus simple sera couvert de plantes à grandes feuilles et à fleurs. Une séparation faite de planches horizontales permettra d'y déposer des pots avec des plantes, retombantes de préférence. Tous les récipients doivent être parfaitement étanches pour éviter les dégâts éventuels que pourrait provoquer l'eau d'arrosage.

Plantes grimpantes sur tuteurs moussus et autres

Les fleuristes proposent parfois des plantes grimpantes attachées à un tuteur enveloppé de tourbe moussue : lierres, philodendrons et rhaphidophores, en général. Pour conserver une belle colonne verte, la mousse doit rester toujours humide. On utilise aussi diverses petites échelles, pour soutenir les plantes grimpantes encore jeunes, ne fût-ce que trois bâtonnets piqués dans la terre au bord du pot. Les plantes tourneront autour, ou s'y accrocheront.

Fenêtres et vitrines tropicales

Les espèces les plus délicates de plantes grimpantes, rampantes ou retombantes, surtout les espèces originaires des forêts tropicales plu-

Fenêtre tropicale avec vitres latérales amovibles.

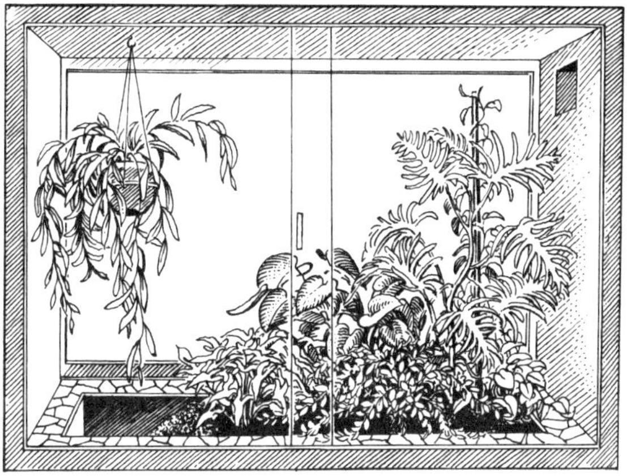

vieuses, doivent vivre dans une atmosphère chaude et humide. On la leur procurera en espace fermé, serre ou vitrine. Des installations bien conçues de chauffage et d'éclairage sont nécessaires. On y plantera des espèces ayant à peu près les mêmes exigences mais au rythme de croissance différent. On tiendra compte de ce point de vue en composant l'ensemble végétal. Une vitrine de verdure bien réalisée est d'une grande valeur esthétique dans un logement.

Une serre tropicale peut s'installer dans l'embrasure d'une fenêtre, les plantes y seront parfaitement mises en valeur. On choisira l'orientation nord-est ou nord-ouest, et les dimensions répondront aux conditions offertes par la fenêtre. On veillera à maintenir dans cette serre chaleur, humidité, aération, fumure du sol, comme pour toutes les plantes d'appartement.

Afin d'en faciliter l'accès, la paroi vitrée intérieure sera amovible, ou placée sur glissière. Les plantes y seront mises dans des bacs de métal ou de céramique contenant de la tourbe, du gravier, argile ou tout autre substrat convenant aux plantes cultivées. Les bacs auront au moins 25 cm de large et 15 cm de profondeur. Autant que possible le chauffage de la fenêtre-serre sera indépendant, le plus souvent grâce à une résistance électrique avec thermostat. La température sera ainsi réglée jour et nuit — avec quelques degrés de moins pendant la nuit. Si la fenêtre est profonde et la végétation touffue, il faudra prévoir un éclairage électrique.

Une fenêtre tropicale se garnit avec de nombreuses plantes exotiques. Les petites plantes retombantes ou grimpantes seront placées sur des troncs ou branches épiphytes, ou encore on les suspendra dans l'espace. Les plantes rampantes se nicheront au bas des pieds d'autres plantes, et elles formeront un tapis de verdure.

Vitrine roulante avec couvercle vitré amovible.

Une vitrine exotique peut jouer le même rôle qu'une fenêtre tropicale. Elle est mobile, portable ou roulante, mais elle nécessite le même appareillage technique que la fenêtre.

Plantes grimpantes et retombantes pour les balcons

Sur les balcons, sur les fenêtres, on cultive surtout le pétunia et le géranium-lierre. Du côté de l'ombre, on obtiendra plus de succès avec le fuchsia pleureur, l'asparagus, le lierre, etc. Du printemps à l'automne, on pourra orner les murs d'une loggia avec des haricots ornementaux, pois de senteur, volubilis et autres plantes annuelles grimpantes.

Rôle des plantes grimpantes dans l'architecture des jardins

Les plantes grimpantes ont de multiples utilisations dans les jardins. Murs de la maison, de garage, de remise et toutes clôtures peuvent être égayés par de la verdure, leur banalité dissimulée, leur raideur atténuée. On choisira des espèces dont la couleur des feuilles et des fleurs contrastera avec celle du mur. Sur un fond blanc, on fera grimper un rosier rouge tandis que sur la brique les roses blanches ou jaunes conviendront mieux.

Seules les plantes à crampons s'accrochent d'elles-mêmes à un mur, aux autres plantes il faut procurer un appui : lattis, treillage, fil de fer, tendus à cinq centimètres de la paroi, au moins. Si l'on souhaite couvrir rapidement un mur, on choisira des plantes à croissance vigoureuse : renouée, divers chèvrefeuilles, clématites mais aussi certaines plantes annuelles telles que : cobéa, pois de senteur, haricot ornemental, capucine et diverses courges. Ces plantes ne durent malheureusement qu'une saison, elles disparaissent vite après la floraison, ou aux premières gelées.

Une maison recouverte de verdure met une note claire dans la grisaille d'une rue. En outre, les sarments grimpants forment une sorte de coussin d'air, au microclimat favorable, autour de la maison, la perte de chaleur est réduite et le feuillage protège les murs contre les vents froids.

Certains croient, et ils se trompent, que les plantes grimpantes abîment les murs, qu'elles apportent de l'humidité. Vraiment, ces craintes ne sont pas fondées, car le feuillage accroché à des bardeaux empêche le mur de se mouiller. L'eau de pluie glisse de l'une à l'autre feuille, et chacune de leurs pointes s'égoutte finalement sur le sol. Il n'est pas non plus vrai que les racines des plantes grimpantes détériorent le crépi d'un mur. Il est prouvé au contraire que les racines des plantes ligneuses absorbent toute l'humidité d'un mur, et donc l'assèchent. Certains allègueront aussi que les plantes grimpantes offrent un abri à divers insectes. On ne peut le nier, mais cela peut se dire de n'importe quelle plante de jardin. On remarquera que ces insectes offrent une pâture aux oiseaux auxquels les plantes grimpantes servent d'abri pour nicher.

Les clôtures en fil de fer, treillis, béton, brique ou même bois ne sont guère esthétiques. Le métal, tel qu'il s'est répandu à la «Belle Epoque», paraît bien rigide. Les plantes grimpantes en adouciront l'aspect, ou les dissimuleront. En outre, une clôture de verdure épaisse délimite l'espace du jardin en lui donnant un caractère d'intimité, de sécurité. Une telle clôture doit toutefois être assez solide pour porter sans faiblir le poids de certaines plantes grimpantes. On choisira des espèces qui atteignent 2 à 3 mètres, et ne sont pas trop exigeantes quant à leur emplacement: diverses espèces de clématites, chèvrefeuilles et volubilis.

Le charme naturel de l'akébie, l'actinidie (kiwi), l'aristoloche et du célastrus est bien mis en valeur sur les divers montants, colonnes et piliers, autour des portails et portes de jardins. Si le pilier est trop gros, on y assujettira des lattes ou baguettes de bois ou de métal, ou encore on tendra des fils pour que les plantes puissent s'y accrocher. Au sommet, on peut relier deux piliers par une poutre horizontale avec de petites lamelles transversales, pour former une pergola rudimentaire après laquelle les plantes se fixeront. Au pied de chaque pilier on fera pousser au moins deux plantes, de la même espèce naturellement.

Bien réparties dans les jardins, des grilles ouvragées sont du plus bel effet. On les garnira légèrement de plantes, sans les recouvrir complètement.

Un tronc d'arbre peut également servir de support à des plantes grimpantes ligneuses. Un tronc de chêne, hêtre ou acacia couvert de lierre semble toujours beaucoup plus naturel qu'un tronc nu. Avec les années, le lierre gagnera les branches de l'arbre sans lui nuire. Une idée intéressante : faire retomber d'une branche d'arbre une chaîne ou un câble, et l'on plante en dessous des lianes à croissance exubérante. Au début, il faudra attacher les premières jeunes pousses, mais bien vite les lianes grimperont toutes seules jusqu'à la cime de l'arbre.

Dans les interstices d'un mur de pierre sèche on peut encastrer de petites plantes grimpantes ou retombantes : fusain, lierre, jasmin de Virginie ou bignone, chèvrefeuille du Japon ou quelques espèces de clématites, etc.

Certaines espèces de plantes grimpantes conviennent bien à une couverture du sol, car elles peuvent former relativement vite un tapis de verdure. Dans les coins ombreux d'un jardin elles remplacent le gazon. On choisira dans ce cas pervenche, lierre ou fusain. Des espèces primitives de clématites et chèvrefeuilles conviendront aux talus à pente raide où elles resteront sans support, et qu'elles couvriront harmonieusement.

Pergolas

La pergola joue un rôle non négligeable dans le jardin, et nous lui consacrerons une attention spéciale. Elle est un important élément architectural dont on peut profiter pour articuler l'espace du jardin et le rendre plus intime. Elle forme une liaison entre les divers bâtiments, maison et annexes, pour en faire un tout harmonieux. Durant les jours ensoleillés d'été, on apprécie fort son ombrage.

Une pergola classique se compose toujours de deux rangs de colonnes verticales reliées au sommet par des poutres horizontales sur lesquelles reposent des traverses jouant le rôle de plafond. La hauteur sera de 2,20 à 2,50 m, pour que les branches qui retombent ne gênent point les personnes qui se tiendront dessous. La largeur entre les deux rangs de colonnes sera de trois mètres environ. Un passage trop étroit devient vite un sombre tunnel peu accueillant. Assez solide pour résister aux violents coups de vent et au poids d'une végétation parfois lourde, la construction sera faite en matériaux s'accordant avec ceux de la maison. Son exécution exige certes une bonne dose de savoir faire autant que de goût. De nos jours, on se sert surtout de poteaux de bois équarris. Tous les éléments doivent être assemblés de façon telle que l'eau ne puisse pénétrer par les jointures. On les protègera d'un enduit spécial qui sera régulièrement renouvelé. On préférera le blanc, le crème ou divers tons de brun, en tenant compte que si les teintes claires sont les plus gaies, les plus beaux enduits sont toutefois ceux qui laissent transparaître la structure naturelle du bois.

Les plantes grimpantes partant du pied des montants de la pergola seront conduites par des baguettes ou du fil tendu afin qu'elles puissent y grimper, même si les piliers sont très larges.

Pour le choix de ces plantes, on tiendra compte de l'emplacement : ensoleillé, mi-ombragé ou ombreux. Les plantes qui conviendront le mieux sont : l'akébie, l'aristoloche, la bignone, la renouée, la glycine, le chèvrefeuille et quelques espèces naturelles de clématites. Les plantes annuelles, sauf peut-être les courges, sont trop basses pour couvrir une pergola.

Pergola avec clématites grimpantes.

DESCRIPTIONS DES ESPÈCES

Notation systématique

Dans les textes accompagnant nos illustrations sont indiquées, en plus des espèces d'origine, quelques sous-espèces ainsi que des variétés botaniques qui sont apparues dans la nature ou d'autres obtenues par sélection et qui se différencient des espèces originales par certains caractères qu'elles conservent lors de la reproduction.

Abutilon — Malvacées
Abutilon megapotamicum — *Malvaceae*

Une centaine d'espèces d'abutilons croît surtout dans les régions subtropicales de l'Amérique du Sud.

On cultive comme arbrisseau ornemental l'espèce brésilienne *Abutilon megapotamicum* appelé le plus souvent *A. vexillarium* dans les flores anciennes. L'arbuste atteint environ un mètre, ses feuilles pendent à de petits rameaux pleureurs.

Souvent cultivé comme plante d'appartement, il n'exige pas beaucoup de chaleur. Pour hiverner il lui faut beaucoup de lumière et peu d'arrosage, une température de 6 à 8 °C, mais pour qu'il fleurisse en hiver il faut lui assurer de 12 à 14 degrés, sinon il perdra ses feuilles. Il exige une situation ensoleillée, on peut le placer de la mi-mai à septembre sur un balcon, une terrasse, un palier, voire en un endroit abrité du jardin, en le laissant dans son pot.

A l'époque de pleine croissance l'abutilon doit être arrosé régulièrement et, tous les quinze jours, on arrosera avec une solution à 0,3 % d'engrais complet. Au printemps on taille les longues pousses à mi-longueur et on rempote dans un récipient plus grand contenant une bonne terre riche.

En appartement, mieux vaut cultiver chaque année une plante nouvelle. On coupe des boutures d'environ 8 cm, en mars ou en août, sur des sommets dépourvus de boutons à fleurs, et ils prendront racine sous plastique, en trois semaines, à température de 20 à 22 °C. On peut aussi semer en mars, et la floraison se fera l'année suivante.

Abutilon megapotamicum (1) : plante vivace, peu souvent cultivée en appartement. Fleurit le plus au printemps et en été. Fleurit aussi en hiver et garde ses feuilles s'il y a suffisamment de lumière et une température convenable. Est préféré sous forme d'arbuste qui met bien en valeur la forme élégante de ses rameaux pleureurs. Le tronc atteint environ 1 m. En espalier on cultive le luxuriant *A. pictum* 'Thompsonii'. Ces plantes décoratives assez volumineuses nécessitent de grands pots.
A. megapotamicum 'Aureum' (2) : feuilles marbrées de jaune. Ce marbrage des feuilles, d'origine virale au départ, peut s'implanter sur des plantes vertes par greffage.

2
1

Actinidie chinoise, ou **Kiwi** — Actinidiacées
Actinida chinensis — *Actinidiaceae*

Les actinidies sont des plantes grimpantes ligneuses aux feuilles caduques, relativement peu cultivées. On en connaît environ vingt-cinq espèces différentes, toutes originaires du sud-est et de l'est de l'Asie.

Actinidia chinensis: volubile, assez exigeante, originaire du Sud-Est asiatique. En Europe, pousse assez bien dans les régions viticoles. Les fruits sont de grosses baies polyspermes riches en vitamines. Par sélection on s'efforce d'obtenir de plus gros fruits, même dans des conditions climatiques moins favorables.

D'autres espèces, telle *A. arguta* provenant du Japon, de Chine et Corée, sont cultivées ici et là. Ce buisson volubile, en conditions favorables, atteint 6 m de hauteur. Fruits vert-jaune à jaune-brun, d'environ 2,5 cm au goût douceâtre.

A. kolomikta provient des mêmes régions. Passe bien l'hiver dans les régions tempérées d'Europe, mais n'atteint pas plus de 2 m. Fruits bleu-noir au goût sucré.

L'actinidie exige un endroit mi-ombreux, une terre riche en humus et assez humide. Surtout les premières années on protégera contre la gelée les rameaux ligneux. Les espèces indigènes se multiplient par semis sous verre ou boutures ligneuses coupées en novembre. Les variétés se greffent sur *A. kolomikta* en mars ou avril.

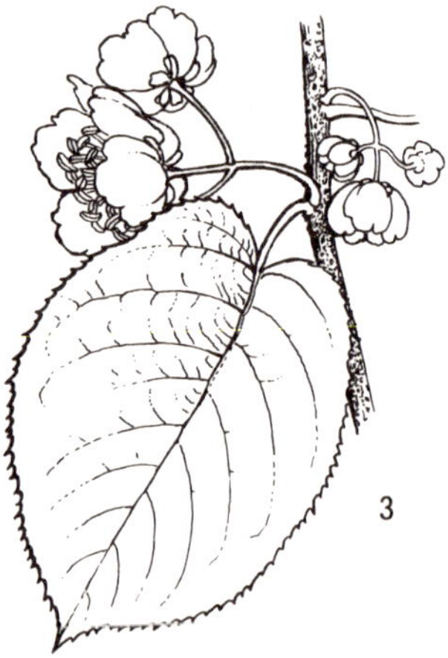

3

2

1

Actinidia chinensis (1) provient de Chine et de Taiwan. Arbuste atteignant 8 m dans des conditions climatiques favorables. Fruits de 5 cm de long, ressemblant aux groseilles à maquereau, importés en Europe sous le nom de «kiwi». Au jardin, on plante l'actinidie au pied d'une grille décorative, pergola ou colonne sur quoi elle grimpera. Un tronc d'arbre ou arbrisseau peut lui suffire.
Les fleurs de l'actinidie chinoise (2) ont un parfum agréable.

Il y a des plantes mâles et des plantes femelles, seules les fleurs de ces dernières donnent des fruits (3). Le voisinage d'une plante mâle est donc nécessaire pour la pollinisation : il suffit de greffer une branche d'arbuste mâle sur une plante femelle.

Aeschynanthe — Gesnériacées
Aeschynanthus radicans — *Gesneriaceae*

Plus de soixante espèces représentent cette famille, surtout en Asie du Sud-Est. La plupart sont des arbustes épiphytes, à rameaux pleureurs et feuilles persistantes. Se distingue de la famille apparentée *Columnea* par ses feuilles non ciliées, ses fleurs disposées en cyme et ses fruits allongés.

Aeschynanthus radicans : à rameaux retombants, fleurit bien, surtout derrière une fenêtre fermée ou vitrine. Ses longs rameaux retombants couvrent entièrement le pot. Dans une littérature plus ancienne *A. radicans* apparaît sous le nom de *Trichosporum lobbianum.*

A. radicans prospère à une température de 20 à 25 °C et avec une forte humidité de l'air. En hiver la température ne devrait pas descendre en dessous de 18 °C. La plante ne supporte pas les rayons directs du soleil qui brûlent ses feuilles, une fenêtre orientée à l'est ou à l'ouest lui convient mieux.

Comme les autres espèces de cette famille, *A. radicans* doit être régulièrement arrosée au moment de la croissance intensive et on ajoutera, tous les quinze jours, une solution à 0,1 % d'engrais composé. On laissera la plante dans un calme relatif durant tout l'hiver, en réduisant les arrosages pour que puissent se former les boutons floraux.

On transplante régulièrement tous les deux ans, de préférence au printemps, en récipients peu profonds ou dans de petites corbeilles contenant un humus perméable.

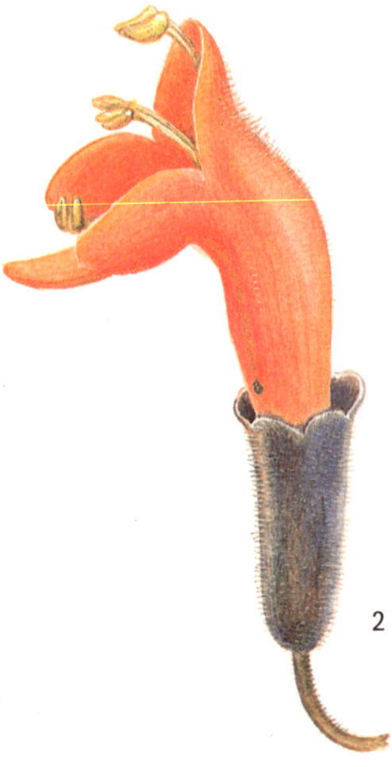

2

Aeschynanthus radicans (1) provient de la forêt vierge des montagnes de Java. Les fleurs en trompette, de 6 cm, s'épanouissent surtout de juin à septembre. Elles sont du plus bel effet si on les installe en épiphytes sur un tronc ou une branche. On reproduit par bouturage. On coupe un bout de rameau avec deux paires de feuilles, et on en plante trois à cinq dans un pot de 6 à 8 cm de diamètre. L'enracinement est assez facile par température de 22 à 25 °C.

1

La fleur sort du calice (2) qui est assez décoratif après la floraison. Dans de bonnes conditions et sans demander de trop grands soins, cette plante fleurira pendant tout l'été ou presque.

Après la floraison, il se forme dans le calice un fruit allongé qui contient les graines avec de petits plumets pendants.

Aeschynanthe Gesnériacées
Aeschynanthus speciosus *Gesneriaceae*

Aeschynanthus speciosus, souvent indiquée comme *Trichosporum speciosum,* provient des forêts d'Indonésie. Les tiges poussent d'abord droit puis retombent, et deviennent ligneuses à la base. Feuilles de 10 cm. Plus exigeante en chaleur et humidité que l'espèce précédente.

A. boscheanus pousse à Java et Sumatra. Feuilles brun-rouge de 3 cm seulement. Calice floral rouge-brun, corolle rouge avec dessin jaune. Fleurit de juin à août.

A. marmoratus est indigène in Birmanie, Thaïlande et Indonésie. Feuilles allongées, lanciformes, jusqu'à 10 cm de long, vert clair à marbrures sombres. Fleurs de 3 cm, vertes à taches brunes. Fleurit toute l'année en conditions favorables.

A. parasiticus provient de l'Assam. Espèce relativement résistante à grandes feuilles, fleurs de 5 cm de couleur orange avec un dessin plus sombre, dont ressortent de longues étamines.

A. × *splendidus* est un hybride de *A. parasiticus* et *A. speciosus.* Grandes feuilles allongées, lancéolées, et fleurs d'un rouge écarlate de juin à septembre.

A. tricolor est répandue à Bornéo. Les rameaux pendants portent de petites feuilles ovales, vertes avec un reflet rouge. Floraisons surtout en juin et juillet. Fleurs groupées par trois à cinq, calices rougeâtres, corolles jaunes avec veinules d'un rouge écarlate.

2

Aeschynanthus speciosus (1) porte au bout des rameaux pendants un bouquet de fleurs dont chacune a environ 8 cm. En appartement fleurit surtout de juin à septembre. Peut aussi fleurir en dehors de cette saison dans des conditions favorables. Les fruits sont des baies allongées.
Ne peut se conserver que peu de temps comme plante en pot (2) à l'intérieur. Réussit beaucoup mieux sous fenêtre vitrée ou en serre, à 22 °C minimum et humidité constante de l'air. En hiver, ne supporte pas une température en dessous de 15 °C. A besoin de lumière, arrosage, apport d'engrais comme les espèces précédentes. Calme végétatif d'hiver peu marqué. Multiplication par bouturage.

1

Le genre *Akebia* ne comprend que deux espèces, originaires d'Asie orientale. Ce sont des plantes ligneuses, volubiles et exubérantes, à fines feuilles alternes qui tombent vers la Noël.

On cultive le plus souvent dans les jardins *l'Akebia quinata,* plante ligneuse volubile peu exigeante, qui convient pour créer un coin ombreux, ou couvrir de verdure une clôture, un mur ou une pergola, les troncs de vieux arbres, colonnes ou toute construction verticale.

On la plante en un endroit chaud, protégé des vents froids, en terrain léger et perméable, pas trop humide. Elle supporte très bien le soleil comme la pénombre. Elle supporte assez bien l'hiver européen.

Au début il faut attacher les jeunes plantes à un tuteur ou à un fil assez fort, par la suite les sarments s'accrocheront d'eux-mêmes. Au bout de quelques années, l'arbuste se dénude dans ses parties basses ; il faut donc, après la floraison, tailler assez court pour obliger la plante à repousser vigoureusement.

L'akébie se multiplie surtout de façon végétative, le plus souvent par marcottage. Certaines plantes produisent tant de rejets qu'elles en deviennent gênantes. On peut aussi multiplier par boutures de l'année ou rejets portant des racines, ou encore par semences importées.

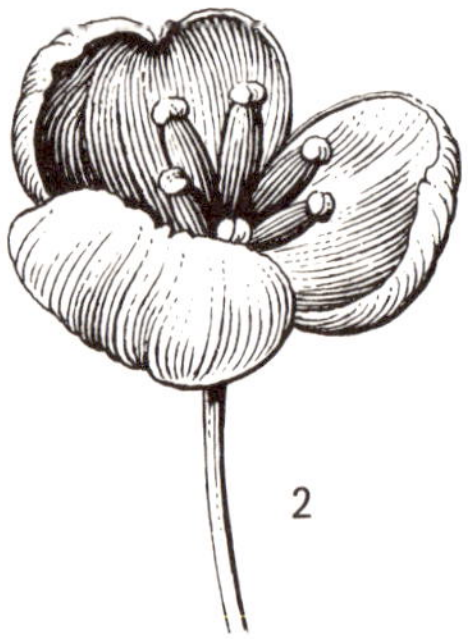

2

3

Akebia quinata (1) provient de Chine, Corée et Japon. Atteint 5 à 10 m, forme un entrelacs touffu de tiges molles et volubiles qui nécessitent un support convenable.
Dès avril et mai ses fleurs délicatement parfumées s'épanouissent, malheureusement elles se distinguent mal sous l'épais feuillage. Les fleurs ont en moyenne 3 cm de large, les femelles (2) un peu plus grandes que les mâles (3), mais les deux genres poussent sur une même plante.
Dans les pays d'origine mais aussi dans les régions chaudes d'Europe, à la fin de l'été les fruits (4) arrivent à maturité : rappelant quelque peu un concombre ils ont de 5 à 10 cm, ils sont pourpre-brun avec un givre bleuâtre. Une fois mûrs ils éclatent, laissant apparaître des graines noires nichées dans un arille gélatineux.

4
1

Allamanda
Allamanda cathartica

Apocynacées
Apocynaceae

On ne connaît que douze espèces du genre *Allamanda.* Ce sont surtout des plantes ligneuses grimpantes à feuillage persistant, qui poussent toutes en Amérique du Sud tropicale.

En Europe on cultive le plus souvent *Allamanda cathartica* qui prospère bien en serre ou sous fenêtre fermée, avec une température optimale de 18 à 20 °C. Il lui faut beaucoup de lumière, mais on évitera le soleil direct. Passe bien l'hiver à une température de 12 à 15 °C.

D'avril à octobre on l'arrose régulièrement, et au moment de la pleine croissance on ajoutera, une fois par semaine, une solution d'engrais complet à 0,2%. Vers la fin de l'automne et en hiver, en même temps que baisse l'intensité de la lumière, on réduit les arrosages. On transplante les jeunes plantes chaque année, et les plus anciennes au bout de quelques années, en un terreau de feuilles, herbe, tourbe et sable. En février, avant le début de la nouvelle croissance, on taille : au mieux au-dessus du deuxième verticille à partir du sol.

La multiplication se fait par bouturage. On sectionne un rameau avec deux à trois verticilles, qui prendra racine en mars, à une température de 20 à 22 °C, en pot de terre poreux de 6 cm de diamètre. Dès le début on attache la bouture à un petit tuteur. On transplante, après cinq à six semaines, dans un pot plus grand, de 10 cm, et au bout de six autres semaines on pince pour obtenir une meilleure floraison. Fleurit dès la première année. Engrais Alara ou B 9 en solution à 2,5%.

Allamanda cathartica (1) provient du Brésil. Atteint 5 m, feuilles de 10 à 14 cm de long. L'espèce d'origine, avec des fleurs jaune citron d'environ 6 cm fleurit de juillet à septembre. Plante très décorative, avec ses fleurs pendant sur les rameaux accrochés à des fils dans la partie supérieure d'une fenêtre ou d'une vitrine. Comme plante en pot, on choisira les variétés moins exubérantes comme *A. cathartica* 'Williamsii'.
Bignonia chamberlaynii (2), de la famille des *Bignoniaceae,* est une autre liane à fleurs infundibuliformes qui provient également des forêts vierges tropicales d'Amerique de Sud et exige les mêmes soins que l'allamanda.

1

Ampélopsis — Vitacées
Ampelopsis brevipedunculata — *Vitaceae*

Il existe une vingtaine d'espèces de ce genre, surtout en Asie orientale et en Amérique du Nord. Ce sont des arbustes grimpants à tiges et rameaux volubiles.

Ampelopsis brevipedunculata se cultive assez rarement en appartement ; dans son habitat naturel de l'Est de la Chine, la plante atteint 6 à 10 m.

Comme plante en pot, on la placera dans des endroits frais comme un couloir, une entrée, etc. Elle convient aussi pour une grille décorative, ou peut s'accrocher au mur comme plante pleureuse, dans son pot.

A l'époque de la végétation active, l'ampélopsis a besoin d'un bon arrosage, et une fois par semaine on lui donnera une solution à 0,1% d'engrais composé. Il lui faut aussi assez de lumière et de l'air frais. Ayant perdu ses feuilles, la plante passera l'hiver dans une cave claire, à température constante de 2 à 6 °C et avec arrosages très réduits. En mars, on la taille à environ 10 cm au-dessus du collet, on la replante dans un terreau moyennement lourd et on reprend les arrosages réguliers. Placée en un endroit où elle a assez de chaleur et de lumière, la plante repartira assez vite.

Le bouturage se fait au mois d'août. On pique plusieurs boutures de sommets dans un pot plein d'un terreau moyennement lourd et contenant du calcaire. S'enracine le mieux à 20 °C environ.

Ampelopsis brevipedunculata (1) a des feuilles tombantes, longues jusqu'à 12 cm, de forme très variable. Elle s'agrippe à son support par des vrilles dépourvues de disques-ventouses. Fleurit en juillet et août. Après la floraison se forment de grands fruits, comme des gousses de pois, d'abord brun-vert et ensuite bleu-violet. La variété *A. brevipedunculata* 'Elegans' est moins vigoureuse, ses feuilles ont des taches blanches à reflet rose chez les plantes jeunes, mais ces taches verdissent en cas d'insuffisance de lumière.

2

A. japonica (2) provient du Japon et du nord de la Chine. Dans les régions viticoles d'Europe on peut la cultiver au jardin, mais en hiver il faudra la couvrir d'une bonne couche de tourbe, feuilles sèches et ramilles.

Anthure — Aracées

Anthurium scandens — *Araceae*

Il en existe près de cinq cents espèces différentes dans les forêts tropicales humides d'Amérique du Sud. La plupart sont des plantes vivaces, qui montent tout droit, avec des feuilles persistantes à reflets métalliques et des fleurs voyantes.

Anthurium scandens, espèce grimpante, qui se cultive assez rarement en appartement. Des racines aériennes sortent du tronc sur presque toute sa longueur, feuilles de 12 cm de forme très variable.

Cette espèce, qui croît assez vite, se porte le mieux à une température de 22 °C, avec une haute teneur en humidité de l'air et abritée des rayons directs du soleil. De février à octobre, elle exige un arrosage abondant et régulier. En décembre et janvier, pendant quatre à six semaines, elle passe par une période de repos végétatif peu apparent. On réduit donc les arrosages et on ramène la température vers 15 à 17 °C.

La multiplication se fait par bouturage sous cloche ou sous châssis, où l'enracinement aura lieu à une température de 25 à 30 °C. On peut aussi obtenir des semences par pollinisation artificielle, et semer dans un mélange de tourbe et sable, de préférence en mars. Les semis et jeunes plants devront bénéficier d'une température de 22 °C. Au début les plantes poussent tout droit, ensuite il faut les attacher ou en faire des plantes pleureuses. Selon les besoins, on les transplante au printemps en un bon humus de terreau, tourbe, aiguilles de pin et herbes sèches. Ne supporte pas la terre calcaire.

3

Anthurium scandens (1) forme des tiges grimpantes, mais à défaut de tuteur elles retomberont. Réussit le mieux en épiphyte sur un tronc ou une branche, sous une fenêtre florale fermée ou une vitrine orientée à l'est ou au nord-est, là où l'on peut obtenir une forte humidité de l'air. C'est une plante dont les racines ne s'enfoncent pas très profondément, il faut donc lui procurer des matières nutritives en ajoutant souvent à l'eau d'arrosage une solution d'engrais composé.

L'inflorescence cylindrique (2) est formée d'un petit fuseau d'environ 5 cm sur lequel poussent des baies grosses comme des petits pois, contenant des graines (3). La variété *A. scandens* 'Violaceum' a des baies à reflets violets.

Aristoloche | Aristolochiacées
Aristolochia elegans | *Aristolochiaceae*

Le genre *Aristolochia* comprend plus de trois cents espèces différentes, indigènes dans les régions tropicales et subtropicales d'Amérique, Afrique et Asie. De moins nombreuses espèces proviennent des régions tempérées d'Europe et d'Amérique du Nord.

En appartement on cultive, assez rarement, l'*Aristolochia elegans,* qui croît à l'état sauvage dans la forêt brésilienne. Dans de bonnes conditions les fleurs, de 10 cm, s'épanouissent d'avril à octobre.

Dans les forêts d'Amérique centrale croît l'*A.grandiflora* dénommée *A.gigas* dans les anciennes flores. Elle grimpe jusqu'à dix mètres de hauteur. Ses grandes fleurs en forme de pipe, allant jusqu'à 35 cm, attirent toujours l'attention.

Ces deux espèces d'aristoloches ont besoin de chaleur et humidité de l'air, mais aussi d'espace; elles ne conviennent que pour une grande fenêtre tropicale. En hiver, 15 °C sont suffisants.

Il faut un arrosage régulier, adapté aux saisons, une bonne température et un éclairage intense. On arrose de temps à autre avec une solution d'engrais composé. Les plantes devenues trop grandes peuvent se tailler court au printemps, car les fleurs apparaissent sur le bois de l'année.

Les espèces thermophiles d'aristoloches se reproduisent le plus souvent par bouturage, sous verre, avec une température de 22 à 25 °C. On obtient aussi un certain succès par semis.

2

Aristolochia elegans (1) est l'espèce d'aristoloche la moins exigeante, et celle qui pousse rapidement. Elle convient pour la culture en appartement, avec unc température de 18 °C. Fleurit d'avril à octobre. Les jeunes plants sont attachés à un tuteur, plus tard à une grille ornementale ou à des fils tendus. En un bon emplacement, un grand mur pourra être rapidement couvert.

Le fruit est une capsule d'environ 4 cm, qui s'ouvre à la base (2). Elle contient des graines plates, qui se sèment dans un mélange de terreau, tourbe et sable, germent au bout de 2 à 3 semaines, à une température d'environ 22 °C. Les semis une fois levés, on transplante dans des pots de 10 cm, par deux ou trois petits plants, et on les y laisse jusqu'à ce qu'ils commencent à fleurir. Les plantes plus vieilles se repiquent chaque année dans une bonne terre riche.

1

Aristoloche — Aristolochiacées
Aristolochia macrophylla — *Aristolochiaceae*

Aristolochia macrophylla désignée dans les anciennes flores sous le nom de *A. durior* ou *A. sipho,* sert surtout pour garnir de hauts murs orientés au nord ou à l'ouest où elle s'accroche à un grillage; elle fournira un toit et des murs presque opaques à une pergola, pour un temps relativement bref. Les feuilles imbriquées couvrent complètement leur support et contribuent ainsi à créer une bonne intimité. Cette aristoloche peut également grimper autour de l'arc d'un portail de jardin, le long d'un tronc d'arbre, d'un réverbère de village, voire de chaînes ou câbles retombant de branches d'arbres.

Cette espèce passe bien l'hiver. On la plante en terrain riche, un peu humide. Supporte aussi l'ombre, et relativement bien l'air pollué par l'industrie. Ses grandes feuilles exsudent beaucoup d'eau, il faut donc prévoir d'abondants arrosages. Durant la végétation active, on donnera trois doses d'engrais complet, à six semaines d'intervalle. Il n'est pas nécessaire de tailler régulièrement, en cas de besoin on le fait avant le printemps.

Cette aristoloche se multiplie assez facilement par marcottage de rameaux d'un an. Au bout d'un an on peut déjà séparer le rameau enraciné de la plante-mère et le planter à l'endroit définitif. On peut aussi multiplier par semis effectué au printemps et sous verre. La croissance des semis étant très lente au début, on laisse sur place pendant deux ans, et ensuite on replante.

Aristolochia macrophylla (1) pousse à l'état sauvage sur les versants montagneux de l'Amérique du Nord, jusqu'à une altitude de 1500 m. Arbuste grimpant qui, dans de bonnes conditions, atteint assez vite 6 à 10 m. Cultivé depuis plus de deux siècles en Europe. Feuilles caduques, imbriquées, d'environ 25 cm de large. Les fleurs en forme de pipe, se distinguent mal, cachées sous le feuillage, de mai à juin. Un parfum particulier attire les insectes pollinisateurs jusqu'à l'intérieur de la fleur dont ils ne pourront s'échapper tant que n'a pas éclaté l'anthère contenant la poussière fécondante. L'insecte couvert de pollen peut ensuite aller féconder une autre fleur.

Les fleurs (2) exhalent un parfum typique qui attire les insectes mais peu agréable pour l'odorat humain. Elles apparaissent sur des plantes relativement jeunes.

Asparagus Liliacées
Asparagus asparagoides *Liliaceae*

Le genre *Asparagus* englobe quelque trois cents espèces répandues surtout en Méditerranée, dans le sud de l'Afrique et certaines régions de l'Asie: Arbustes ou plantes herbacées, à rameaux dressés ou grimpants. Les racines renflées servent d'organe nourricier. Feuilles réduites, rabougries ou transformées en épines ; la fonction assimilatrice des feuilles est exercée par les rameaux épineux ou les cladodes (rameaux aplatis simulant les feuilles).

Asparagus asparagoides (*A. medeloides* dans les anciennes flores) se cultivait naguère assez abondamment dans les serres des fleuristes, pour s'ajouter aux bouquets. De nos jours on le cultive en pot dans des appartements assez frais.

Les jeunes plantes d'*A. setaceus* (plus connu comme l'*A. plumosus*) se cultivent en grande quantité comme verdure à couper. Ce ne sont que les plantes assez vieilles qui forment les vrilles d'accrochage. On multiplie par séparation d'assez grosses touffes. *A. setaceus* 'Nanus' forme des touffes très compactes, des tiges étalées à plat et forme ses griffes d'accrochage à un âge avancé. *A. setaceus* 'Tenuissimus' a des cladodes plus fins et ses vrilles d'accrochage apparaissent encore plus tard. Les tiges d'*A. setaceus* sont encore en faveur comme verdure pour garnir les bouquets et aussi dans d'autres buts de décoration; gardés en milieu frais, ses cladodes restent beaucoup plus longtemps verts que chez les autres espèces d'asparagus.

Asparagus asparagoides (1) provient du Cap. Tiges volubiles atteignant 2 m. Cladodes de forme ovale allongée, velus, d'environ 3 cm de long. Convient surtout comme plante ornementale en pot. Comme elle est relativement robuste, ses branches ne s'ajoutent qu'à des bouquets assez grands, avec de grosses fleurs.

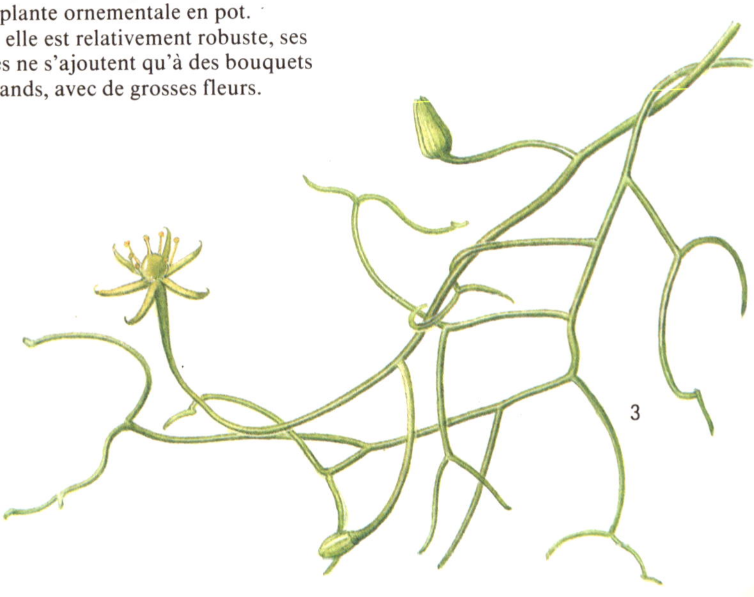

On cultive beaucoup plus souvent *A. setaceus* (2), arbuste grimpant d'Afrique du Sud, avec des tiges particulièrement fines d'environ 1 m de long et des rameaux écartés. Les feuilles sont transformées en épines de 3 à 5 mm tournées vers le bas. Fleurit en septembre et octobre.

Bowiea volubilis (3) est une autre plante sud-africaine de la famille des *Liliaceae*. A la fin de l'hiver sort d'un gros oignon vert une longue tige qui se dresse toute droite, et plus tard viennent de petites fleurs d'un blanc-vert au bout de longues queues. En hiver 4 à 6 °C lui suffisent.

Asparagus
Asparagus densiflorus — Liliacées *Liliaceae*

Asparagus densiflorus 'Sprengeri' est irremplaçable comme verdure coupée, mais très bien adaptée comme plante en pot, elle est largement utilisée en appartement. En hiver, avec l'insuffisance de lumière, cette plante supporte difficilement des températures au-dessus de 15 °C. De mai aux premiers gels peut se placer au jardin, surtout en caisses transportables.

A. densiflorus convient pour les bacs des fenêtres et balcons, surtout du côté ombragé de la maison où, pendant tout l'été, il sera du plus bel effet parmi d'autres espèces telles que les bégonias tubéreux, les fuchsias, etc. Il lui faut beaucoup d'air frais, c'est pourquoi un séjour d'été au balcon ou au jardin lui est profitable. Les plantes qui passent toute l'année à l'intérieur ne donnent que des pousses rabougries. On favorisera la pousse des tiges et l'intensité de la couleur par de réguliers apports d'engrais.

De novembre à fin février, *A. densiflorus* a besoin d'un repos relatif. Il faut réduire les arrosages et le placer à une température de 8 à 10 °C. Il importe peu que les anciens rameaux jaunissent et meurent alors. En mars, au début du nouveau bourgeonnement, on transplante dans un riche compost de terreau et sable, et on recommence graduellement à arroser plus fréquemment.

L'asparagus se multiplie ordinairement par semis, de préférence à la fin de l'hiver ou au début du printemps.

Asparagus densiflorus 'Sprengeri' (1) provient certes de l'Afrique du Sud, mais croît aussi à l'état sauvage dans les régions méditerranéennes. Cet arbrisseau richement ramifié lance des tiges d'abord droites puis pendantes qui atteignent 2 m. Les cladodes de 12 à 30 mm n'ont que 2 mm de large. Les petites fleurs s'épanouissent en été et ont un parfum de noix de coco. Les fruits sont des baies contenant une à trois graines.
A. densiflorus (2) a des fleurs en grappes blanches ou rosâtres. De chaque fleur sort, après la défloraison, une baie d'abord verte puis rouge contenant une graine noire luisante.
A. densiflorus 'Meyeri' (3) est une plante compacte, à croissance lente, exigeant de 3 à 5 °C de température en plus que l'*A. densiflorus* 'Sprengeri'.

2
1

Bégonia
Begonia limmingheana

Bégoniacées
Begoniaceae

Begonia limmingheana : plante pleureuse naguère en grande faveur, convient bien comme plante en pot mais surtout en divers récipients muraux. Si le faisceau de racines se dessèche trop, les feuilles tombent.

A l'intérieur, ce bégonia doit recevoir beaucoup de lumière tout en évitant les rayons directs du soleil. En un endroit trop sombre, les fleurs perdront l'intensité de leur couleur. La meilleure température est de 25 °C en été et 20 °C en hiver. La formation des bourgeons se fait au mieux par 15 °C, température qui doit durer au moins cinquante jours. Cette plante convenant bien au bouturage, les horticulteurs en profitent pour alimenter le marché de plantes fleuries de novembre à mai.

Pour qu'elle ne perde pas ses feuilles en période de calme relatif, on ne cessera pas d'arroser la plante en hiver. De mars à août on lui donnera une fois par semaine une solution à 0,2 % d'engrais complet.

On peut multiplier ce bégonia en toute saison par bouturage. On prélève la bouture sur une plante-mère saine cultivée par un horticulteur à une température au-dessus de 20 °C. On pique trois à cinq boutures dans un pot de 8 cm ; l'enracinement se fera au mieux par 20 à 22 °C. Plus tard on repique chaque plant dans un pot de 10 cm, et enfin dans un plus grand pot, de 12 cm. On obtient une plante prête à fleurir en huit à douze mois.

Begonia limmingheana (1) provient de la grande forêt brésilienne. Arbrisseau fleuri à rameaux retombants et feuilles atteignant 12 cm. De mars à mai des inflorescences peu fournies de petites fleurs apparaissent.

Pellionia pulchra (2) plante vivace, rampante ou retombante indigène en Birmanie, au Laos et au Vietnam. Feuilles d'environ 3 cm. Réussit le mieux en serre tropicale ou sous fenêtre fleurie fermée comme plante servant à couvrir le sol. Une situation ombragée lui convient, avec une forte humidité de l'air, sa température optimale étant entre 18 et 22 °C.

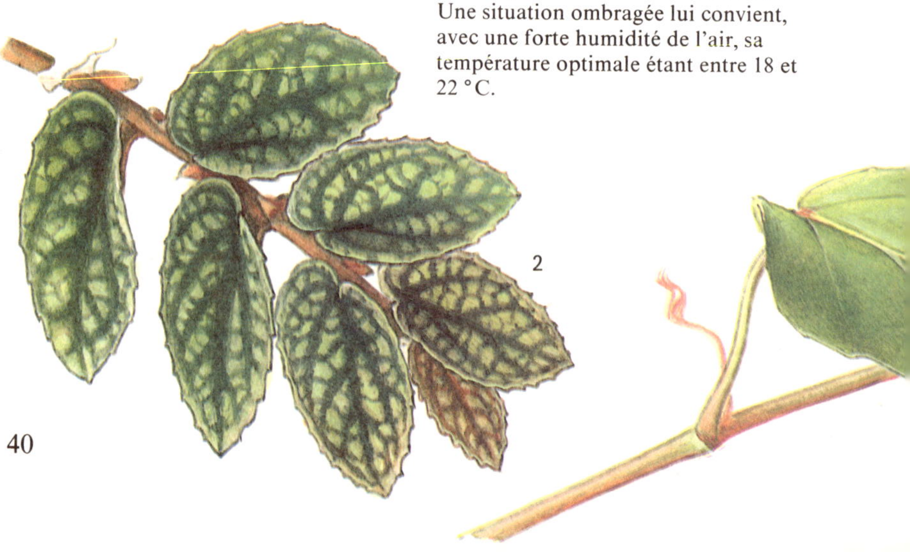

3

Pellionia repens (3) souvent appelée *P. deveauana* provient également de l'Asie du Sud-Est. Feuilles de 5 cm. On en a sélectionné quelques variétés présentant divers dessins sur le feuillage.

1

Bougainvillée — Nyctaginacées
Bougainvillea glabra — *Nyctaginaceae*

Quelque quinze espèces du genre *Bougainvillea* croissent dans la forêt vierge et les régions sèches de l'Amérique du Sud, pour la plupart des arbustes épineux grimpants.

On les cultive comme plantes en pots qui peuvent, pendant l'été, se placer au dehors : balcons, terrasses ou autre endroit favorable au jardin.

Bougainvillea glabra, plante ligneuse subtropicale, orne les clôtures, murs, pergolas dans les régions méditerranéennes où les conditions sont favorables. Dans les jardins d'Europe centrale on l'emploie plutôt comme verdure, sous forme d'arbuste dans de grands récipients. On la cultive moins souvent comme plante d'appartement. Des variétés très exubérantes s'obtiennent en serre froide, jardin d'hiver, véranda vitrée, éventuellement dans une spacieuse fenêtre florale.

En été, la bougainvillée a besoin d'assez de soleil et d'arrosages réguliers. En hiver 6 à 10 °C lui suffisent, avec des arrosages réduits. La condition d'une riche floraison est l'observation d'un repos végétatif de six à huit semaines pendant lesquelles on n'arrose presque pas. On recommence l'arrosage normal au mois de mars. D'avril à fin août, on apporte une fois par semaine une solution à 0,1 % d'engrais complet. Avec assez de chaleur et de lumière, la bougainvillée fleurira dans la maison presque toute l'année, quoiqu'elle fleurisse évidemment davantage en été.

3

2

1

Bougainvillea glabra (1) est une plante sauvage au Brésil, où elle atteint 6 m et se couvre d'une grande quantité de petites fleurs enfouies dans les grandes bractées très colorées. Dans les endroits chauds d'Europe méridionale, on la cultive dans les parcs et jardins où elle fleurit du printemps à l'automne. Elle est peu exigeante quant à la chaleur et supporte même des conditions climatiques assez rudes.

Très décorative, cette plante ligneuse grimpante a depuis longtemps suscité l'intérêt de nombreux sélectionneurs, si bien que de nouvelles variétés apparaissent sans cesse, avec des bractées plus ou moins intensément colorées, et aussi avec des différences dans la croissance. *B. glabra* 'Sanderiana' est de croissance moins exubérante et a des bractées d'un violet foncé (2). Il existe aussi des variétés de divers tons orangés (3).

Bougainvillée *Bougainvillea × buttiana*

Nyctaginacées
Nyctaginaceae

Bougainvillea × buttiana, croisement de *B. glabra* et *B. peruviana,* fleurit d'avril à juin. On en a sélectionné une série de cultivars qui n'ont pas encore reçu de nom et dont les fleurs sont enveloppées de bractées roses, ou de différents tons de rouge carmin, orange ou écarlate.

B. spectabilis est une espèce brésilienne comme *B. glabra.* Elle a de plus grandes feuilles ciliées et est plus exubérante, mais plus exigeante pour la chaleur et le terrain. Fleurit surtout d'avril à juillet. Outre l'espèce originelle, on cultive des variétés à bractées roses, rouges ou orange.

Les jeunes plantes se repiquent chaque année au printemps, plus tard tous les deux à quatre ans, chaque fois dans un pot un tout petit peu plus grand contenant un mélange de terreau, compost, tourbe et sable. La réaction optimale de la terre est de 6,0 pH. Il faut assurer un bon drainage. Après la floraison, il faut tailler pour que naissent de nouveaux bourgeons floraux avant l'hiver car ils se forment sur le bois de l'année précédente. Perd ses feuilles pendant l'hiver, mais de nouvelles poussent dès la nouvelle période végétative.

D'habitude c'est en juin qu'on multiplie les bougainvillées par boutures que l'on trempe dans un liquide stimulateur avant de les piquer dans un petit pot contenant un mélange de tourbe et sable. Sous plastique, à température de 25 à 30 °C, prend racine en trois semaines.

2

4

Bougainvillea × buttiana (1) a hérité de ses deux «parents» son peu d'exigences et la vaste palette de coloris des bractées entourant les minuscules fleurs. On la cultive surtout comme plante en pot avec tuteur ou arceau (2). Les tiges des grandes plantes cultivées en serre grimpent sur des fils jusqu'au toit. Ce sont des plantes vivaces qui mériteraient une plus grande attention.

1

Ici et là apparaissent, en tant que nouveautés encore sans dénomination, des variétés à bractées d'un blanc crémeux (4), ou orange, rose, carmin ou écarlate (3). Elles poussent lentement, se ramifient davantage et conviennent donc au mieux pour culture en pot comme plantes d'appartement.

3

Campanule Campanulacées
Campanula isophylla *Campanulaceae*

La plupart des quelque trois cents espèces de campanules proviennent des régions tempérée et subtropicale de l'hémisphère nord, et se cultivent au jardin comme plantes vivaces. Une seule espèce — *Campanula isophylla* — est depuis longtemps une plante d'appartement. En pot, sur une fenêtre, elle ne demande pas grand soin ; était cultivée surtout à la campagne, dans le passé. Elle est retombante, c'est pourquoi elle convient bien à la suspension ou à un pot accroché à un mur. En été, on peut aussi la cultiver en bacs sur les appuis de fenêtre, ou les balcons protégés des vents et de la pluie. Il faut toutefois rentrer la plante à temps avant les premières gelées.

Campanula isophylla doit être arrosée régulièrement dès le printemps jusqu'à l'automne, et recevoir une fois par semaine un apport d'engrais complet en faible solution. Passe l'hiver à la lumière, la température optimale étant d'environ 10 °C, arrosage réduit. Se repique très tôt au printemps dans un terreau riche et perméable, de réaction optimale 6,7 à 7,5 pH. Les plantes plus âgées seront transplantées tous les deux à trois ans.

La multiplication la plus simple se fait par division des touffes lors de la transplantation. On peut aussi bouturer des sommets de tiges de plantes saines, de préférence en février et mars. Les boutures de sommets sans boutons de fleurs, de 4 à 6 cm de long, sont piquées dans un mélange de tourbe et sable, avec une température de 10 à 15 °C, elles s'enracinent en quatre semaines.

2

Campanula isophylla pousse à l'état sauvage dans les crevasses des montagnes calcaires du nord-ouest de l'Italie. Ses tiges, longues et fragiles, s'étalent au sol de juin à septembre, et sont toutes couvertes de fleurs d'environ 35 mm de diamètre. L'espèce originelle est bleue, et s'est depuis toujours appelée « fiancé » (1).
La variété *C. isophylla* 'Alba' a des fleurs blanches et on l'appelle « fiancée » (2). La variété 'Mayi' a des feuilles grises, ciliées, avec quelques taches blanches ; fleurs bleu pâle. Les deux variétés, tout comme l'espèce primitive, exigent une

1

bonne lumière derrière une fenêtre ouverte, avec une légère protection contre les rayons directs du soleil. Elles croissent bien à l'ombre mais y fleurissent moins. En été, elles conviendront à des bacs sur les balcons, si ceux-ci ne reçoivent le soleil que le matin et vers le coucher.

Bignone, ou **Bignonia** — Bignoniacées
Campsis radicans — *Bignoniaceae*

Le genre *Campsis* ne compte que deux espèces primitives et un hybride : espèces champêtres peu exubérantes qui s'accrochent par de petites racines. Fleurissent sur le bois de l'année, de juillet à septembre. Un endroit chaud et abrité leur convient, au mieux au pied du mur sud d'une maison. Nécessite un humus profond, un terrain perméable et légèrement alcalin. Gèle assez facilement, mais des repousses reviennent aisément aussi. Avant que les jeunes plantes n'aient fleuri pour la première fois, on en protègera le pied avec de la tourbe, des feuilles et des ramilles. On ne taille que les rameaux gelés.

Campsis radicans est relativement peu exigeante et, dans les conditions climatiques d'Europe, c'est une espèce qui résiste bien à l'hiver. Ses fleurs en «trompette» sont très décoratives et donnent un petit air exotique au jardin, cette plante ligneuse convient très bien pour garnir une pergola de sa verdure. Elle pousse assez lentement les deux premières années, mais elle se rattrape vite si elle se plaît à l'endroit où elle est.

Campsis grandiflora : Cette « trompette de Jéricho » provient du Japon et de Chine : elle atteint 3 à 6 m. Ses fleurs sont plus grandes que celles de l'espèce précédente, d'un rouge écarlate aux reflets carmin, elles s'épanouissent en août et septembre. En Europe on ne peut la cultiver que dans les régions viticoles, à condition de bien la protéger en hiver.

3

1

Campsis radicans a souvent été transférée d'un genre à l'autre, si bien que dans la littérature on la rencontre sous les noms de *Bignonia radicans* ou *Tecoma radicans*. Cette « trompette » pousse en Amérique du Nord, de la Californie à la Virginie. Les fleurs ont de 6 à 8 cm. On cultive le plus souvent, dans les jardins, l'espèce d'origine, qui est aussi la plus résistante (1). On cultive également la variété *atropurpurea* (2) aux trompettes d'un rouge foncé, la variété *praecox* d'un rouge écarlate, et d'autres.
Les fleurs du bignonia (la figure 3 en donne une coupe) forment des panicules au bout de rameaux de l'année.
Fleurissent dans la deuxième moitié de l'été, quand elles reçoivent le plus de lumière. Lorsqu'elle se fane la fleur tombe, laissant une cicatrice.

2

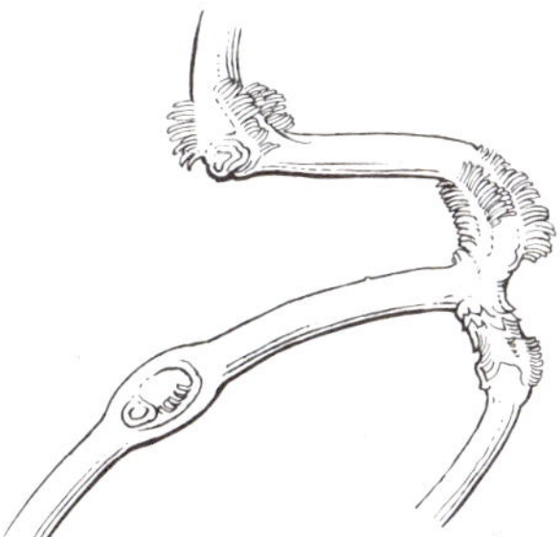

4

Les jeunes plantes seront attachées à leur tuteur, ensuite elles s'accrocheront d'elles-mêmes par leurs nombreuses petites racines aériennes qui se forment du côté non éclairé des tiges (4).

Bignone, ou **Bignonia**
Campsis × tagliabuana

Bignoniacées
Bignoniaceae

Campsis × tagliabuana est un croisement des deux expèces précédentes. Selon que l'un ou l'autre caractère hérité prédomine, on a des plantes qui s'accrochent mieux, ou d'autres qui croissent en arbuste. La résistance au froid diffère également.

Les bignonias se multiplient surtout par marcottage. *C. radicans* émet une quantité de rejets parfois gênants. Les variétés s'obtiennent par greffe, sous serre, sur un porte-greffe de l'espèce originelle planté en pot. On obtient également de bons résultats en plantant dès l'automne un fragment de racine d'environ 8 cm de long et 3 cm de diamètre. L'année suivante il en sortira des pousses que l'on tuteurera. Les horticulteurs pratiquent aussi des semis de l'espèce d'origine dès le début du printemps, en caisse ou plate-bande sous verre. Le chauffage du sol est bénéfique aux semis.

Dans les régions méditerranéennes cet arbuste grimpant se rencontre dans presque toutes les rues, mais même dans les rudes conditions climatiques d'Europe centrale la bignone peut orner un portail de jardin ou un mur, une colonne ou un grillage. Il ne faut toutefois pas négliger de bien l'attacher, car cette grande plante se casse assez facilement par grand vent. Ne tient pas longtemps en vase comme fleur coupée.

Campsis × tagliabuana a fourni une série de variétés dont celle qui est le plus souvent cultivée est la *C.× tagliabuana* 'Madame Galen' (1) qui a une très abondante floraison. Malgré la grande quantité de racines accrocheuses qu'émet la plante il est nécessaire, au début, de la tuteurer. Par la suite, elle s'accrochera d'elle-même.

3

2

1

Récemment les professionnels et amateurs se sont spécialement intéressés à la sélection de la « trompette », si bien que de nouvelles variétés apparaissent, avec des fleurs aux divers tons de rouge, orange, rose et même jaune. Parmi elles citons au moins la variété rose *C.× tagliabuana* 'Rosea' (2) et la variété jaune *C. × tagliabuana* 'Yellow trumpet' (3). Leurs couleurs ne peuvent malheureusement pas encore concurrencer les variétés rouge-orange.

Celastrus grimpant
Celastrus scandens

Célastracées
Celastraceae

On connaît jusqu'à présent trente espèces différentes de ce genre. Croît à l'état sauvage en Asie, Amérique, Australie et Afrique du Sud. Une seule espèce spontanée en Espagne. Ce sont des buissons volubiles à feuilles caduques. Dans la nature, elles comportent souvent des fleurs bissexuées mais il existe aussi des individus à fleurs mâles et femelles distinctes.

Dans les jardins européens en n'en cultive que deux espèces. Relativement peu exigeantes, elles prospèrent dans n'importe quel terrain normal. Supportent aussi bien le soleil que l'ombre.

Celastrus scandens, liane d'Amérique du Nord, peut grimper sur un tronc d'arbre élevé, une colonne, voire un réverbère. C'est une plante ligneuse rustique qui supporte aussi bien la pollution ambiante que l'ombre tamisée.

C. orbiculatus provient de Chine et du Japon. Atteint 12 m dans des conditions favorables. Feuilles d'environ 10 cm de long, se colorant en beau jaune en automne. Préfère un endroit ensoleillé.

Il n'est pas nécessaire de tailler régulièrement. On peut multiplier par marcottage ou par enracinement des rejets que *C. orbiculatus* produit en telle quantité qu'ils deviennent envahissants. Les jardiniers procèdent par semis après stratification, généralement en avril.

Cette plante a besoin d'un support, elle convient donc à une pergola, un mur de séparation ou un mur extérieur.

1

2

3

Celastrus scandens est spontané dans les régions orientales d'Amérique du Nord et atteint 6 à 9 m de haut. En juin s'épanouissent de petites fleurs en panicules (1) au sommet des tiges. Les fruits, après la chute des feuilles, sont très décoratifs, mais constituent un poison pour l'homme.
C. orbiculatus fleurit généralement fin mai et en juin, petites fleurs insignifiantes (2). Les fleurs femelles de *C. orbiculatus,* après la pollinisation, donnent des fruits semblables à de petits pois d'un rouge écarlate sous un « capuchon » jaune (3), fruits qui demeurent sur les branches jusqu'aux grands froids. On peut couper les branches portant des fruits mûrs, les conserver au sec pour en garnir des bouquets d'hiver, les mélanger avec des branches de conifères et des fleurs sèches.

Asclépiade *Ceropegia woodii*

Asclépiadacées *Asclepiadaceae*

Le genre *Ceropegia* réunit environ cent cinquante-cinq espèces spontanées en Afrique, Asie et Australie. Ce sont des herbacées grimpantes ou retombantes.

On cultive le plus souvent *Ceropegia woodii* que l'on trouve dans les anciennes publications sous le nom de *C. linearis* ssp. *woodii* ou *C. hastata*. Indigène en Afrique sud-orientale.

Cette espèce a besoin d'un endroit bien éclairé mais pas trop chaud. Comme plante grasse, elle supporte bien l'air sec des appartements comportant le chauffage central. On arrose régulièrement d'avril à septembre en ajoutant tous les quinze jours une solution à 0,2 % d'engrais complet ; pendant les autres mois on réduit les arrosages. Passe l'hiver à une température de 10 °C minimum. On repique les vieilles plantes tous les deux ou trois ans, de préférence au début du printemps.

On peut multiplier en toute saison par bouturage. Chaque bouture aura au moins deux paires de feuilles, on en pique plusieurs dans un pot rempli de légère terre sableuse. L'enracinement se fait en quatre à six semaines, par une température de 15 à 20 °C.

Ceropegia est d'un très bel effet, attachée par exemple à un rideau de bambous, mais paraîtra encore plus naturelle en épiphyte sur un tronc, ou simplement déposée sur une étagère avec ses longues tiges retombantes.

Ceropegia woodii (1) est une plante d'appartement relativement peu exigeante. Forme de petits bulbes pour la reproduction qui constituent aussi des réserves d'eau, et s'enracinent dès qu'ils touchent la terre. Ses tiges filiformes, retombant souvent jusqu'au sol, sont couvertes de feuilles succulentes.
Les fleurs (2) de 2 cm, fleurissent pendant presque toute l'année et rappellent, par leur forme, de petites lanternes chinoises.
Ceropegia distiracta (3) a des fleurs blanc crème atteignant 35 mm de long. Elles fleurissent de juin à août en inflorescences rares.

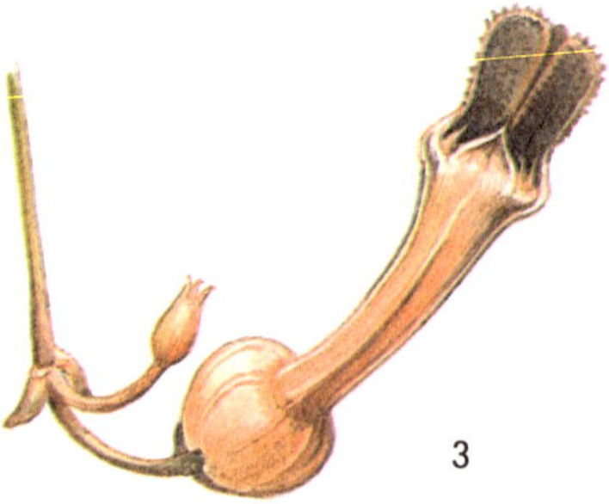

3

Non seulement la forme des fleurs, mais aussi une odeur spéciale attirent les insectes. L'insecte qui pénètre à l'intérieur de la fleur ne peut en sortir tant que les poils qui se trouvent dans le cœur de la fleur ne se fanent pas : alors l'insecte recouvrera sa liberté ; mais, pendant son séjour, il a transporté le pollen des anthères sur le stigmate pour le féconder.

2

1

Cisse, ou **Liane au voyageur** *Cissus antarctica*

Vitacées
Vitaceae

Près de trois cents espèces de ce genre croissent dans les régions tropicales et subtropicales d'Australie, Amérique, Afrique et Polynésie, mais très peu d'entre elles sont cultivées dans nos appartements. Ce sont surtout des lianes *sempervirens* à tiges volubiles.

Cissus antarctica s'attache couramment à une grille ou contre le mur d'une pièce pas trop chauffée : une entrée, un corridor, etc. Dans les appartements trop chauffés les feuilles brunissent puis tombent.

Le Cisse est peu exigeant comme plante d'intérieur, la meilleure température d'hiver est de 12 à 15 °C mais il supporte passagèrement une baisse de température ne dépassant pas quelques degrés au-dessus de zéro. L'air sec du chauffage central ne le gêne pas, et il croît aussi bien en pleine lumière que dans la pénombre.

En été on peut le placer sur un balcon ou au jardin à condition qu'il n'y reçoive pas les rayons directs du soleil de midi. Il faut adapter les arrosages aux saisons et à l'intensité de la lumière. En hiver les racines ne doivent pas se dessécher, sinon la plante perdrait ses feuilles. Au moment de la végétation active, d'avril à juillet, on lui donnera une fois par semaine une solution d'engrais complet à 0,2 %. On le rempotera tous les printemps dans une terre mi-lourde et riche. La culture en liquide réussit aussi très bien. C'est une plante presque idéale pour le débutant.

Cissus antarctica (1) est une plante exubérante atteignant 3 m, spontanée dans les régions broussailleuses de l'Australie subtropicale. Feuilles jusqu'à 12 cm. Tiges ciliées de roux, atteignant 3 m, avec des vrilles sur les vieilles plantes, par lesquelles elles s'accrochent à leur tuteur.

Un Cisse en pot (2) se place dans une jardinière ou sur une étagère pour laisser retomber ses tiges au sol. Il sera aussi d'un bel effet dans un récipient mural. Comme ses tiges forment des racines dans l'eau pure, on peut les utiliser pour les récipients muraux comme la Tradescantie (misère). Mais si le niveau d'eau baisse trop, les feuilles se couvriront de taches noires, se dessècheront et finiront par tomber.

Cisse
Cissus discolor

Vitacées
Vitaceae

Cissus discolor est une plante *sempervirens* répandue dans les forêts humides tropicales de Java. Feuilles bariolées de 15 cm de long et 8 cm de large.

En pot, cette plante convient surtout à une serre chaude, en appartement on ne la retiendra que pour une fenêtre florale fermée ou une vitrine. En hiver, elle exige une température constante avoisinant 20 °C et une forte humidité de l'air. Dans une atmosphère sèche elle perd vite ses feuilles. De mars au mois d'août il faut donc l'arroser souvent et lui apporter régulièrement de l'engrais. Pendant l'hiver ses racines ne doivent pas se dessécher complètement.

On la multiplie par boutures avec deux paires de feuilles, que l'on pique dans un mélange de terreau de feuilles, de fumier et de sable, à raison de trois à cinq par pot. Les jeunes plants peuvent s'attacher à des tuteurs piqués autour du pot ou se cultiver comme plantes retombantes.

Cette plante verte aux feuilles bariolées se rencontre souvent chez les fleuristes, sous forme de paniers-cadeaux, mais elle n'a qu'une brève existence. Si l'on reçoit une telle corbeille en cadeau, mieux vaut ne pas la laisser en l'état, et transplanter le Cisse dans un pot que l'on placera en milieu plus favorable, répondant à ses grandes exigences en chaleur et en humidité. C'est ainsi seulement que le *C. discolor* pourra croître et se développer.

Cissus discolor (1) est une plante verte très décorative aimant la chaleur. Outre ses feuilles bariolées, sur ses tiges grêles poussent de petites vrilles par lequelles elle s'attache à son support. La belle coloration des feuilles dépend avant tout de l'intensité de la lumière, c'est pourquoi les teintes sont plus vives à la fin du printemps et au début de l'été.

1

Cette espèce ne peut convenir que pour un temps limité à orner une coupe, avec d'autres plantes, de façon à ce que ses tiges pendantes recouvrent les bords du récipient. Si, au début de l'hiver, ses feuilles tombent, on limitera les arrosages au minimum en laissant la plante en place ; au printemps elle reprendra vigueur.

Cisse | Vitacées
Cissus rhombifolia | *Vitaceae*

Cissus rhombifolia, souvent encore dénommé *Rhoicissus rhomboidea,* est d'origine sud-africaine, ce à quoi répondent ses exigences quant au milieu. Il est l'un des cisses les plus résistants, qui se porte aussi bien au soleil qu'à l'ombre. L'été, il peut rester au jardin, sur un balcon ou une terrasse, mais en hiver il lui faut un endroit très éclairé avec une température optimale de 10 à 15 °C. Une baisse de température de temps à autre, mais pas très longue, est tolérable : même jusqu'à 4 °C seulement. Au contraire, plus de 16 °C, en hiver, ne lui conviennent point.

Les arrosages doivent s'adapter à la chaleur ambiante et à la saison. Les racines trop longtemps mouillées ou trop sèches provoquent la chute des feuilles. D'avril à juillet, on arrose une fois par semaine avec une solution d'engrais complet à 0,25 %. On rempote au début du printemps, et tous les deux ou trois ans pour les plantes adultes. On plante dans un mélange de terreau de feuilles, d'aiguilles, de tourbe et de sable à réaction pH optimale de 6,0 à 7,0. La période de calme végétatif n'est pas très délimitée, aussi essaiera-t-on de lui garder ses feuilles tout l'hiver, avec une température convenable.

Se multiplie par boutures, de préférence en février-mars ou en août. On prend une tige mûre, à tissu ferme, d'environ 10 cm, avec deux yeux. On plante environ trois à cinq boutures dans un pot de 8 cm de diamètre, rempli d'un mélange de compost, tourbe et sable. Avec une température de 22 à 23 °C l'enracinement se fera en trois à quatre semaines.

2

Cissus rhombifolia (1) est une liane peu exigeante qui jouit d'une certaine faveur pour couvrir les murs de verdure, les grilles ornementales ou les pots à suspendre. Les jeunes tiges et les pétioles sont couverts d'un feutre brun. Les fleurs sont insignifiantes, l'élément décoratif provient de ses feuilles asymétriquement rhomboïdales.
De nos jours, on cultive surtout une variété nouvelle à feuilles découpées, et végétation luxuriante : le *C. rhombifolia* 'Ellen danica' (2).
C. striata (3) provient du sud du Brésil et du Chili. Ses feuilles vertes, vivaces sont composées de petites feuilles séparées de 3 à 5 cm. Cette espèce aux rameaux pendants qui supporte bien le froid, se cultive aisément dans un vase.

3
1

Cisse — Vitacées
Cissus velutinus — *Vitaceae*

Dans les jardins botaniques et chez de nombreux horticulteurs on peut trouver d'autres espèces de cisses grimpants, par exemple le *Cissus amazonica,* plante vivace provenant d'Amazonie. Elle a de longues vrilles grêles à reflets vert-brun ; ses feuilles de forme ovale allongé, de 10 cm de long, sont vert-gris avec des veinules argentées et le dessous est presque rouge. Ce cisse a besoin d'environ 20 °C, d'un degré d'humidité uniforme, de la pénombre et de matière nutritive.

C. gongylodes, espèce grimpante du Brésil, Paraguay et Pérou, a de fortes tiges quadrangulaires, ciliées, et qui deviennent rougeâtres en cas d'insuffisance de lumière ; feuilles groupées par trois sur un pétiole de 30 cm de long à stipules ailés. Nombreuses racines aériennes, extraordinairement luxuriante, supporte l'air sec.

C. njegerre provient des forêts montagneuses de l'Afrique orientale. Feuilles trilobées, elliptiques allongées, ridées, couvertes de fins poils rouges. Se cultive en serre chaude mais supporte bien l'air sec. Fleurit abondamment si les conditions sond favorables.

C. quadrangula provient des régions tropicales d'Afrique, de la péninsule d'Arabie, de l'Inde, d'Indonésie et des Philippines. Forte liane à tiges carrées, renflées par endroits, et petites feuilles pendantes. A besoin de chaleur, d'humidité et d'une légère ombre.

C. velutinus est une espècc assez peu connue de cisse, convenant aux serres chaudes.

Cissus velutinus (1), espèce grimpante, atteint 5 m de haut. Tiges longues et grêles, avec assez peu de feuilles molles. Mêmes exigences de culture que *C. discolor,* a donc besoin d'une serre ou d'une fenêtre tropicale à forte humidité et un demi-ombrage. Hiverne le mieux à 15–18 °C.
Dans des conditions favorables, *C. velutinus* fleurit régulièrement à la fin de l'été, mais ses fleurs sont insignifiantes (2). Se multiplie par bouturage, de préférence sous verre. On pique trois à cinq boutures dans un pot de 8 cm de diamètre placé sous châssis avec fond chauffé. On rempote dans de plus grands pots, suivant les besoins.

1

Clématite alpine — Renonculacées
Clematis alpina — *Ranunculaceae*

Le genre *Clematis* comprend environ deux cent trente espèces, surtout rampantes ou grimpantes, se présentant aussi sous forme d'arbrisseau, arbuste et plante vivace. Habite surtout les régions tempérées d'Europe et d'Asie.

Clematis alpina appartenait autrefois à un autre genre et s'appelait *Atragene alpina*. Croît sur les pentes rocheuses des Alpes, Carpates, Caucase, mais est aussi indigène en Sibérie et en Scandinavie. Plus rampante que grimpante.

Cette espèce, assez peu robuste, convient le mieux dans une rocaille où ses tiges rampent sur les grosses pierres, ou bien grimpent sur les branches de plantes ligneuses pas trop délicates, ou encore sur un grillage peu élevé entourant le jardin.

C. alpina se multiplie assez facilement par semis, vers la mi-mars, après la stratification de la graine. On sème dans une caisse placée au début dans une serre, puis mise dehors, en un endroit quelque peu ombragé. La graine germe au bout de quatre à cinq semaines.

En tant que liane des forêts claires ou des versants broussailleux, cette espèce doit avoir son système de racines à l'ombre, mais les parties aériennes de la plante supportent bien le soleil et la mi-ombre. Il lui faut une terre perméable assez riche en humus, et un endroit légèrement humide.

Clematis alpina (1) a des tiges d'environ 2 m, ses feuilles trilobées ont 5 cm de long et 2,5 cm de large, ses fleurs 4 à 6 cm de diamètre. Dans de bonnes conditions fleurit dès la fin d'avril et en mai, sur le bois de l'année précédente. Fleurit régulièrement jusqu'en été. Les formes aux fleurs roses ont le parfum le plus agréable. Fruits très décoratifs avec leurs longues pendeloques. Cette espèce, d'un coloris très variable, intéresse particulièrement les sélectionneurs.

2

3

Parmi les variétés confirmées on cultive surtout *C. alpina* 'Alba' à fleurs d'un blanc crème (2), *C. alpina* 'Columbine' à fleurs d'un bleu de lavande, *C. alpina* 'Pamela Jackman' à fleurs bleues et *C. alpina* 'Ruby' à fleurs roses (3). Par croisement avec *C. macropetala*, on a obtenu des variétés à fleurs pleines.

1

Clématite à petites fleurs — Renonculacées
Clematis montana — *Ranunculaceae*

Clematis montana est spontanément répandue sur les pentes de l'Himalaya, jusqu'à une altitude de 3 000 m. Cette clématite fut importée en Europe au début du siècle. En son lieu d'origine elle dépasse 10 m, mais l'espèce est rarement cultivée. On rencontre le plus souvent des variétés et des sélections à fleurs roses, rouges, lilas ou blanches. Certaines ont des feuilles bronzées ou des tiges rougeâtres.

Cette clématite montagnarde est une plante grimpante ligneuse, très peu exigeante, qui s'agrippe par des crochets atteignant jusqu'à 8 cm. Si la partie aérienne gèle par grand froid, le pied reprend vite. Fleurit sur le bois de l'année précédente; on taille donc après la floraison. Tout comme l'espèce précédente, elle ne supporte pas un soleil trop ardent sur les racines.

On l'utilise pour garnir les murs, surtout du côté ombragé de la maison. Très exubérante, cette clématite peut couvrir de vastes surfaces en quelques années ; garnit aussi une pergola, une cloison verte, ou un tronc de gros arbre.

L'espèce d'origine peut se multiplier aussi par semis, mais les variétés et les plantes cultivées se multiplient seulement de façon végétative. Au jardin, on réussit le mieux par marcottage.

1

Clematis montana (1) a des fleurs blanches épanouies en mai et juin, de 5 cm de diamètre, au parfum délicat. Très grande variabilité de formes et de couleurs, et l'on a décrit beaucoup de variétés, par exemple la var. *grandiflora* dont les fleurs blanches à reflets roses atteignent 8 cm. La variété *rubens* a des fleurs de 5 à 6 cm de large, d'un rose-rouge, qui s'épanouissent en juin et juillet (2). La variété *wilsonii* a des fleurs

2

blanches atteignant 8 cm qui, elles, ne s'épanouissent qu'en juillet et août. Parmi les nouvelles variétés sélectionnées, citons *C. montana* 'Superba', très vigoureuse, aux grosses fleurs blanches, et *C. montana* 'Tetrarose' qui a des fleurs d'un rouge foncé atteignant 7,5 cm. Leur sélection continue et, chaque année, apparaissent de nouvelles variétés améliorées.

Clématite de Tangut — Renonculacées
Clematis tangutica — *Ranunculaceae*

Clematis tangutica est une plante ligneuse grimpante appréciée dans les parcs et jardins. Convient surtout aux parties sauvages des jardins, surtout si on ne l'empêche pas de pousser aussi sous forme de forts arbustes. Son utilisation est multiple, elle peut couvrir une clôture grillagée, une grille décorative aussi bien que grimper le long d'un mur ou ramper sur des rochers. On l'apprécie aussi pour ses fleurs jaune d'or, ce qui est rare pour une clématite. Elle est relativement peu exigeante, et comme les autres espèces naturelles de clématites, elle résiste bien aux maladies. On la soigne comme les espèces précédentes, sauf qu'on la taille dès la fin de l'hiver, car elle fleurit sur le bois de l'année.

C. viticella est une autre espèce parfois cultivée dans les parcs et jardins, elle est indigène en Europe du sud-est et en Asie occidentale. Atteint une hauteur de 4 m. Ses grosses fleurs en forme de cloche, d'un rose-violet, de 5 cm de diamètre, s'épanouissent de juin à août. On en cultive quelques variétés, surtout l'*albiflora* aux fleurs blanches, la *coerulea* aux fleurs d'un bleu-violet, la *kermesina* a des fleurs rouges et la *rubra* pourpre. C'est une espèce assez résistante, elle pousse bien mais il faut la tuteurer. Fleurit sur le bois de l'année et supporte très bien une taille très courte, très tôt au printemps.

2

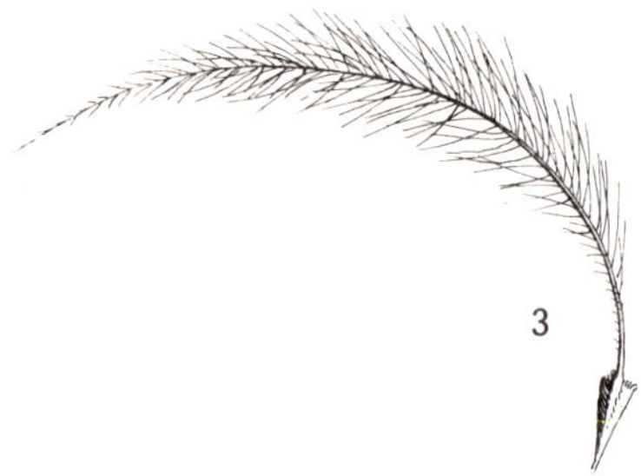

3

Clematis tangutica (1) originaire du Tibet, de Mongolie et du sud-est de la Chine atteint 6 mètres, mais guère plus de 3 m en Europe: ses fleurs campanulées ont 4 à 7 cm de diamètre. Fleurit assez longtemps, les premières fleurs apparaissant au début du mois de juin ; après un certain ralentissement, dans les mois les plus chauds — fin août surtout — recommence la floraison, certaines fleurs s'épanouissent même encore en octobre.

Après la floraison apparaissent aussi de fort jolis fruits surmontés d'une aigrette (2) qui rendent très décorative la plante longtemps encore en hiver, d'abord vert-argenté puis brun-gris, groupés en touffes d'akènes (3).

Clématite des haies — Renonculacées
Clematis vitalba — *Ranunculaceae*

Cette clématite est l'une des plus vigoureuses plantes ligneuses d'Europe, où elle s'est acclimatée dans les bois feuillus, les halliers et les berges des cours d'eau, répandue aussi en Afrique du Nord et au Caucase. Très peu exigeante, elle résiste bien à l'hiver européen, mais un endroit trop sec ne lui convient pas. Elle est si envahissante qu'on évite de la placer dans les jardins pour la réserver plutôt aux parcs, aux chalets près des forêts où seront dissimulés ses fruits peu décoratifs et où elle pourra grimper jusqu'au faîte de grands arbres. Par ailleurs, on peut aussi laisser descendre des branches de gros arbres une chaîne, un câble, au long desquels la clématite s'enroulera puis grimpera. Si l'endroit est favorable, elle se multipliera toute seule par auto-ensemencement.

Les espèces naturelles de clématites et leurs variétés comportent souvent de petites fleurs, elles sont plus vigoureuses, résistent aux maladies et fleurissent plus abondamment que les variétés de jardin ; il ne faut pas les rempoter et certaines couvrent tout un mur en un temps assez court. Pour des raisons esthétiques, l'on évitera de mettre ensemble plusieurs espèces de croissance différente. Pour en orner une pergola ou tout autre construction, bien tenir compte de leur poids et choisir un matériau assez solide.

Clematis vitalba (1) atteint habituellement 10 à 12 m, mais dans de très bonnes conditions peut aller encore plus haut. Ses petites fleurs blanc crème de 2 cm s'épanouissent en juillet et août, dégageant un agréable parfum d'amande amère.

Comme chez toutes les autres espèces de clématites, les pétales de la corolle de la *C. vitalba* manquent à la fleur, et sont remplacés par des sépales colorés (2). Après la floraison se développent de nombreux akènes à ailettes, d'abord argentés et brillants, puis devenant

3

grisâtres : petits noyaux à long plumet (4). L'ensemble est très décoratif (3). En automne et en hiver, on utilise volontiers ces pompons pour compléter des bouquets de fleurs sèches.

2

4

1

Clématite «Jackmanii»
Clematis «Jackmanii»

Renonculacées
Ranunculaceae

On utilise une appellation commune pour les variétés de clématites à grandes fleurs, hybrides obtenu par croisement de *Clematis florida, C.* × *jackmanii, C. lanuginosa, C. patens, C. texensis, C. viticella* et d'autres espèces. Ces hybrides n'atteignent pas les hauteurs des espèces d'origine : par contre, elles ont de beaucoup plus grandes fleurs, plus colorées. Selon l'espèce principale dans le croisement, on les range en quelques sections.

Dans la section «Jackmanii» sont les variétés horticoles qui se rapprochent du croisement *C.* × *jackmanii,* né de *C. lanuginosa* et *C. viticella.*

Clematis × *jackmanii* a été sélectionnée vers le milieu du siècle dernier, en Angleterre, et cette variété à grandes fleurs reste l'une des plus cultivées, tout en étant la plus ancienne. Atteint 3 à 4 m. Fleurit sur le bois de l'année, surtout en juillet et août, mais des fleurs isolées apparaissent aussi plus tard. Les fleurs d'un pourpre violacé, de 10 à 12 cm, ont quatre pétales plats sur de longs pédoncules. *C.* × *jackmanii* est très robuste et résiste bien à l'hiver. Il faut tuteurer les jeunes plantes, ensuite elles s'accrocheront d'elles-mêmes à tout support, treillage, clôture, grille ou autre élément architectural d'un jardin.

Clematis × *jackmanii* (1) a été retenue pour la sélection d'une grande quantité de variétés horticoles à grandes fleurs atteignant 20 cm, ayant quatre à huit pétales, s'épanouissant sur de longs pétioles par bouquets de deux à trois fleurs. On cultive le plus souvent la 'Comtesse de Bouchard' aux fleurs

3

roses (2), 'Gipsy Queen' d'un bleu purpurin à raies rouges et petits traits blancs, 'Jackmanii Superba' aux fleurs d'un bleu-violet, 'Perle d'Azur' bleu clair à fines rayures (3) et 'The President' aux fleurs d'un bleu purpurin foncé avec des anthères très sombres. Toutes ces variétés horticoles offrent des fleurs résistantes qui supportent assez bien la pluie. On les retient aussi comme fleurs à couper, qui, toutefois, ne durent guère.

Clématite «Lanuginosa» Renonculacées
Clematis «Lanuginosa» *Ranunculaceae*

A cette section appartiennent des variétés horticoles sélectionnées surtout à partir de *C. lanuginosa,* de Chine centrale et orientale. Très vigoureuses, elles trouvent principalement leur utilisation pour orner les colonnes et arcs au-dessus des portes de jardin, elles produisent aussi un bel effet sur les grilles et treillis de clôture. Le pied doit rester à l'ombre, ce que l'on obtient en plantant de petites plantes basses, ligneuses ou herbacées, tout autour, ou en installant la clématite contre une grosse pierre qui ombragera son pied aux heures les plus chaudes. On obtient aussi de bons résultats en préparant chaque année l'emplacement de la plantation en paillant avec de l'herbe coupée et les parties aériennes d'herbes folles, en évitant les semences.

La section «Florida» est tributaire de l'espèce d'origine *C. florida :* celle-ci résiste mal à l'hiver d'Europe centrale et n'y parviendra que sous une bonne couche protectrice ou en serre. L'espèce d'origine, comme les variétés horticoles, ne dépassent pas 3 m, ces dernières ont moins de fleurs que *C. lanuginosa,* mais elles sont beaucoup plus grandes, blanches, épanouies de fin juin à août, donc sur le bois de l'année. On taille tôt au printemps. Les variétés horticoles les plus cultivées sont 'Belle of Woking' à pétales blancs aux reflets rouges, 'Duchesse of Edimbourgh' à grandes fleurs blanches et 'Proteus' à fleur roses pourpre.

3

2

Clematis lanuginosa, d'environ 2 m, fleurit abondamment. Les variétés horticoles portent moins de fleurs, mais fleurissent plus longtemps, de mi-juin à septembre ou octobre. Fleurs de six à huit pétales, dans les tons clairs.

Certaines variétés fleurissent tôt sur le bois de l'année précédente, d'autres sur celui de l'année. C'est d'après cela que l'on choisira le moment de la taille. Parmi les variétés les plus cultivées citons 'Blue Gem' à fleurs bleu azur (2), 'Crimson

1

King' à fleurs rouges et anthères brunes, 'Henryi' d'un blanc pur, 'Nelly Moser', blanc rosâtre avec raies plus sombres et anthères rouges (1), 'Sensation' rouge satiné, 'W. E. Gladstone' à grandes fleurs lilas finement rayées, 'William Kennet' à fleurs lavande foncé. Les touffes d'akènes sont moins décoratives chez les variétés horticoles (3) que dans l'espèce d'origine.

Clématite «Patens» Renonculacées
Clematis « Patens » *Ranunculaceae*

Les variétés horticoles de la section «Patens» sont assez exigeantes quant au sol et aux soins. Il faut un bon humus, pas trop alcalin, perméable et riche. L'hiver, on couvrira le sol, autour du pied, d'une couche de tourbe ou de feuilles sèches, mi-putréfiées.

L'espèce qui a donné naissance à ces variétés est la *Clematis patens,* originaire du Japon. Très vigoureuse, elle atteint 3 à 4 m. Fleurit sur le vieux bois, de mai à juin. Fleurs de 10 à 15 cm de diamètre, s'épanouissant par degrés.

En avril et mai, c'est le meilleur moment pour planter les clématites, mais comme elles se vendent en conteneurs, on peut pratiquement le faire du printemps à l'automne. Il faut enfoncer le nœud du greffon à 10 cm dans le sol, sinon il risque de geler et il ne sortira que des porte-greffe. Une clématite récemment plantée sera taillée à 30 cm, ce qui la rendra plus florifère.

Les hybrides horticoles se greffent fin février, en serre, sur sujet enraciné *C. viticella.* On peut aussi multiplier par bouturage, boutures coupées en juillet sur tiges à moitié mûres, de 3 à 4 cm, que l'on stimule et plante sous cloche ou sous châssis. L'enracinement se fait en quatre à six semaines. Les amateurs pratiquent plus souvent le marcottage.

2

Les variétés horticoles de la section «Patens» ont pour la plupart six pétales. Ces variétés étant très nombreuses, nous ne citerons que les plus courantes : 'Bagatelle' très décorative à fleurs rose-lilas, 'Daniel Deronda' à fleurs bleu purpurin et anthères jaunes, 'Fair Rosamund' rose à anthères vineuses,

1

'Lasurstern' bleu-violet à anthères blanches (2), 'Marcel Moser' à pétales blancs rayés de carmin au centre, 'Marie Boisselot' (souvent appelée 'Madame Le Coultre') de couleur blanc pur et avec des anthères blanches (1), 'Vyvian Pennell' à fleurs d'un bleu purpurin et bande carmin.

Clérodendron — Verbénacées
Clerodendrum thomsoniae — *Verbenaceae*

Plus de deux cent soixante-quinze espèces de ce genre proviennent d'Afrique centrale et des forêts d'Asie tropicale et subtropicale.

Clerodendrum thomsoniae, vigoureuse plante grimpante ligneuse, provient d'Afrique occidentale. Fleurit d'avril à juin, mais des fleurs isolées apparaissent en d'autres périodes. En été, se plaît le mieux avec une température de 20 à 22 °C, une forte humidité et une douce pénombre. De décembre à février exige un calme végétatif relatif, 12 à 15 °C, une réduction des arrosages, conditions d'une bonne floraison d'été.

Au moment de la pleine végétation il faut arroser régulièrement et couper partiellement les feuilles. D'avril à août, tous les quinze jours, on ajoutera aux arrosages une solution à 0,15 % d'engrais composé. Par grande chaleur, la plante devient exubérante, mais elle fleurit davantage à une température moins élevée. Pendant l'hiver presque toutes les feuilles tombent, il faut donc tailler très court en février, et éventuellement transplanter.

Le clérodendron se reproduit par bouture ligneuse de 8 à 10 cm. On pique trois à cinq boutures dans un pot de 6 à 8 cm de diamètre contenant un mélange de tourbe et sable. Par chauffage à la basc l'enracinement se fait en deux à trois semaines. Au milieu du printemps on peut aussi multiplier par bouture herbacée. On tuteure les jeunes plantes, plus tard elles s'accrochent à des supports variés.

2

Clerodendrum thomsoniae (1) se cultive comme plante d'appartement en milieu pas trop chaud, depuis plus d'un siècle. Les plus petites plantes s'emploient comme plantes en pot, les plus grandes seront placées en serre, jardin d'hiver ou entrée de maison, là où l'air est modérément humide. Une grande plante pourra très bien orner une grille ou toute construction décorative. Pour qu'elle fleurisse bien, une jeune plante doit être souvent pincée, au début.
La corolle tubulaire, étroite, à cinq pétales, est entourée de trois sépales dont la disposition rappelle l'aspect d'un petit lampion (2).

1

Cobéa grimpant / *Cobaea scandens*

Polémoniacées
Polemoniaceae

Le genre *Cobaea* comprend neuf espèces, spontanées dans les régions tropicales d'Amérique. Sous nos climats on cultive comme plante annuelle le *Cobaea scandens*, provenant du Mexique et de Costa Rica, où il atteint 12 m. Dans les régions tempérées d'Europe où les conditions climatiques lui sont le plus favorables il atteint 4 à 6 m.

C. scandens demande un bon humus perméable et riche, il supporte un endroit mi-ombragé mais fleurit davantage au soleil. Ses grandes feuilles transpirent beaucoup, aussi faut-il arroser fréquemment et abondamment.

Dans 1 gramme il y a douze à quinze graines noirâtres que l'on sème sous verre en février-mars. Entre 15 à 20 °C, elles germent au bout de dix à vingt jours : on les pique aussitôt en pot, et on enfonce un bâtonnet tout près, pour qu'elles s'y accrochent. On maintient les semis entre 12 et 15 °C. Les plantes ainsi forcées se repiquent à leur endroit définitif à la mi-mai, à environ 80 cm les unes des autres. On peut aussi multiplier en prenant des boutures à une plante-mère ayant passé l'hiver en serre, de préférence en mars. Les boutures fleurissent plus vite que les semis.

Cette plante annuelle à croissance rapide convient pour pergolas, grillages, treillis, murs et balcons. Plantée en bac ou caisse, elle ne dépasse pas 2 mètres.

Cobaea scandens (1) a des tiges grêles et volubiles qui s'accrochent aisément, surtout à un fil de fer. La date de floraison dépend de la date des semis ou du bouturage, en général de la mi-juillet aux premières gelées. Les fleurs en forme de clochettes ont 5 à 6 cm. Il faut tuteurer les jeunes plants, puis les accrocher à un fil de fer, des lattes, voire les coller à un mur avec du ruban adhésif.
A part l'espèce-mère, qui fleurit d'abord en vert puis en violet foncé, on a sélectionné des variétés blanches (2) ou bleues (3). Il ne faut toutefois pas oublier que cette plante décorative est assez éphémère, un automne humide et froid lui est fatal.

1
2
3

Columnéa Gesnériacées
Columnea hirta *Gesneriaceae*

On connaît environ cent vingt-cinq espèces de ce genre, toutes spontanées et épiphytes sous les tropiques américains, sur les arbres mais aussi dans les fentes de rochers.

En appartement, on cultive surtout *Columnea hirta* provenant de Costa Rica. Feuilles d'environ 3 cm, par groupes touffus, fleurit de mars à mai.

C. gloriosa provient aussi de Costa Rica, croît dans les forêts chaudes et humides. Feuilles de 4,5 cm environ, fleurs en trompettes de 10 cm, rouge délicat à l'extérieur et jaune à l'intérieur, floraison de novembre à mai. La variété horticole *C. gloriosa* 'Purpurea' a des feuilles couleur rouge bronze.

C. microphylla, autre espèce originaire de Costa Rica a des feuilles de 1 cm ; les fleurs s'épanouissent de mars à août, d'un orange vif, elles ont 8 cm.

Toutes ces espèces du genre *Columnea* sont exigeantes quant à la chaleur et l'humidité de l'air ; un endroit clair non directement exposé aux rayons solaires leur convient le mieux. Arrosage modéré mais régulier à prévoir. Les bourgeons floraux se forment lors d'un relatif calme végétatif de six semaines, par 12 à 15 °C et arrosage réduit.

Se reproduisent le mieux au printemps, par boutures avec deux ou trois paires de feuilles, piquées par cinq dans un pot de 8 cm rempli d'un mélange de tourbe et gros sable. Enracinement en deux à trois semaines par 20 à 25 °C.

2

Columnea hirta (1), tout comme les autres espèces de ce genre, est une plante vivace, il faut donc la soigner pour qu'elle ne perde pas ses feuilles en hiver : c'est-à-dire adapter la chaleur, l'arrosage et l'intensité de la lumière. Le meilleur coefficient d'acidité ou basicité de la terre est de 4,5 pH, ce qui prouve que cette plante n'aime pas le calcaire. Elle se plaira derrière une fenêtre ou dans une vitrine chauffée, plantée sur un petit arbuste, pour que soient mis en valeur ses rejets tombants.
Les fleurs (2) sont de longs cornets souvent labiés, avec une petite tache jaune dans le fond. Ne pas trop donner d'engrais, sinon la plante sera riche en verdure mais pauvre en fleurs.

1

Pépon, ou **Péponide (Citrouille)** — Cucurbitacées
Cucurbita pepo — *Cucurbitaceae*

Environ vingt-cinq espèces de ce genre proviennent d'Amérique tropicale, et l'on en cultive depuis au moins cinq mille ans.

Cucurbita pepo est une courge rampante, mais pour autant qu'on lui offre un support elle y grimpera et s'y accrochera par ses vrilles. Il n'est pas plus difficile de cultiver des courges décoratives que des concombres.

La courge décorative a besoin d'une terre riche mais perméable ; durant toute la période de végétation il faut l'arroser abondamment, car ses grandes feuilles exsudent beaucoup. Des apports réguliers d'engrais lui profiteront. Si elle a assez d'eau elle supportera des températures atteignant 40 °C mais elle ne résiste pas à la gelée.

On peut semer dès la mi-mai, sur place, par deux à trois graines dans chaque poquet, à 2 cm de profondeur. Germe en dix à quatorze jours ; afin d'allonger nettement la période de végétation, il est profitable de semer d'abord en pot, et de repiquer les plants quand ils ont deux feuilles sorties, après le 20 mai.

Les courges décoratives conviennent bien pour couvrir vite, mais durant un temps assez bref, toute surface de terre, talus ou compost. Les grandes feuilles, les fleurs jaunes et plus tard les fruits peuvent orner une clôture, un mur ou une grille décorative.

Cucurbita pepo (1) cultivée dans nos jardins, provient du nord de l'Amérique centrale et du sud de l'Amérique du Nord, ses tiges rampantes atteignent 10 m.
Les fruits, courges décoratives (2), ont des formes variées rappelant poire, pomme, orange, turban, quenouille, bouteille, etc. Beaucoup ont des couleurs bariolées, d'autres une intéressante écorce grumeleuse. La peau est dure, et la chair inutilisable. On peut laisser sécher à l'ombre ces jolis fruits, quand ils sont mûrs, pour les utiliser comme élément décoratif dans la maison. Mais c'est également très décoratif de les laisser — belles taches de couleurs — sur le mur ou n'importe quel support où la plante a grimpé.

2

1

Igname — Dioscoréacées
Dioscorea bulbifera — *Dioscoreaceae*

Le genre *Dioscorea* comprend près de six cent cinquante espèces de plantes grimpantes annuelles dont certaines sont cultivées, dans les régions tropicales et subtropicales pour leurs tubercules comestibles. La peau en est jaune, brune ou violet rougeâtre, mais les plus appréciés de ces végétaux sont ceux à peau blanche. Toutes les espèces, comme leurs variétés, ont des feuilles nervurées, cordiformes. De petites fleurs sortent à l'aisselle d'épis ou de petites grappes, la plupart sont bissexuées. Le fruit est une capsule contenant deux graines par compartiment, plus rarement quatre.

Les ignames ont besoin de beaucoup de chaleur humide, on les rencontre donc dans les serres. Les espèces exubérantes peuvent garnir tout un mur. Les plus petites, surtout les variétés à feuilles bariolées, peuvent se cultiver en pot ou s'accrocher en épiphyte à un tronc.

L'igname se multiplie en bouturant les petites pousses qui se forment à l'aisselle des feuilles. Pour l'hiver, on place ces boutures dans de la tourbe très peu humide, à une température optimale de 10 °C. Elles peuvent aussi rester en pot en réduisant fort les arrosages, car la plante a besoin de repos relatif pendant trois mois, au cours desquels la partie aérienne meurt. Au printemps on repique les boutures avec une feuille dans de petits pots où elles s'enracinent si on chauffe par dessous, entre 20 à 25 °C.

Dioscorea bulbifera (1) provient probablement du Vietnam. Les tiges volubiles atteignent des hauteurs de 6 m. Le tubercule de 1 à 2 kg est blanc-gris. A l'aisselle des feuilles se forment des bulbes de 15 cm (2). En mars on plante ces bulbes dans un mélange de terreau de feuilles et de sable. Lorsque les tiges se développent il faut les attacher à un tuteur. Un apport d'une solution d'engrais complexe provoque une croissance plus exubérante et une augmentation de la taille des bulbes aériens et souterrains. Les feuilles prennent une plus belle couleur par une température assez basse. Dès qu'elles commencent à jaunir, il faut réduire les arrosages.

3

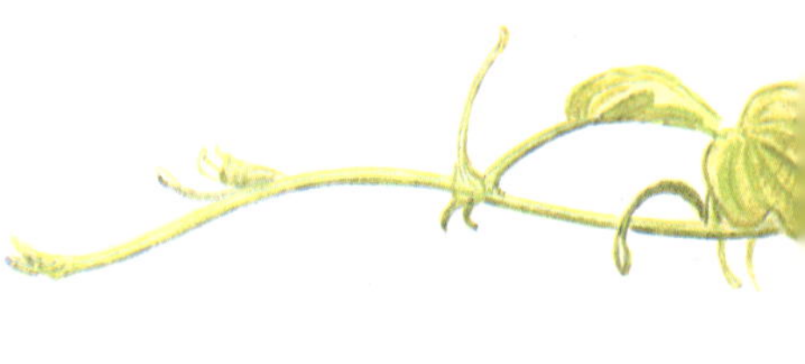

D. sansibarensis (3) est spontanée au Zaïre et à Madagascar. Espèce très exubérante qui convient à une serre tropicale.

Dipladénie Apocynacées
«Dipladenia» hybrides *Apocynceae*

Il existe environ quarante espèces de dipladénies en Amérique du Sud tropicale, arbustes volubiles dont certains sont assez hauts. Ils poussent d'abord tout droit, puis s'enroulent autour d'un tronc ou d une branche.

On cultive parfois *Dipladenia sanderi* et *D. splendens,* espèces brésiliennes à fleurs de 7 cm de diamètre.

Les dipladénies sont des plantes ligneuses volubiles peu exigeantes convenant à un intérieur pas trop chauffé, elles demandent assez de lumière mais un léger ombrage aux heures de midi. Dès la première pousse, on tuteure le jeune plant en pot. On rempote tous les deux ou trois ans les plantes plus vieilles, les jeunes tous les ans, de préférence en mars, dans un pot pas trop grand rempli de terre meuble.

La multiplication se fait par bouture mûre ayant une paire de feuilles. Dès qu'elle est coupée, on rince la bouture dans l'eau tiède pour que s'en écoule le jus. On pique ensuite dans un mélange de tourbe et sable, où l'enracinement ne se fera qu'au bout de cinq à sept semaines par 22 à 25 °C. Il faut pincer plusieurs fois les jeunes plants destinés à la culture en pot pour qu'ils fleurissent davantage. De mars à août, on stimule la végétation par des apports de solution à 0,15 % d'engrais complet.

Comme plantes en pot, on cultive surtout *Dipladenia* hybrides comme 'Amoena' à fleurs rose foncé, 'Rosacea' rose pâle (2) et 'Rubiniana' couleur rubis (1). Toutes ces fleurs sont jaunes à l'intérieur et s'épanouissent surtout de juin à août. En créant les conditions optimales de lumière et de chaleur on peut influencer la période de floraison de façon à la faire commencer en mars ou éventuellement se poursuivre jusqu'en novembre. Naturellement cela ne peut se faire que sur une grande échelle dans les entreprises horticoles. Les dipladénies forment peu de racines, elles sont donc très sensibles à la soif, et il faut les arroser régulièrement. Ces plantes passeront l'hiver à la lumière, par 12 à 15 °C, et demanderont des arrosages réduits.

1

Eccremocarpus grimpant — Bignoniacées
Eccremocarpus scaber — *Bignoniaceae*

Le genre *Eccremocarpus* ne compte que quatre espèces, qui poussent en Amérique du Sud.

Eccremocarpus scaber ne se cultive que comme plante annuelle dans les jardins européens. On la fait grimper le long des murs, des grillages, où elle s'accroche par ses vrilles. Sur un balcon, pour peu qu'elle dispose d'une assez grande caisse, elle couvrira bientôt le mur. On peut guider les sarments vers le haut par des fils tendus. Dans tous les cas il faut, au moment de la pleine végétation, lui assurer un bon arrosage et un apport régulier d'engrais. Plantée à temps, elle poussera jusqu'à l'automne, à une hauteur de 5 m.

On sème dès le mois de mars, sous verre, et les plantes sortent en deux semaines, par 15 à 18 °C. Il faut repiquer très tôt les semis dans de petits pots, et plus tard rempoter en plus grand. La meilleure température pour les jeunes plants se situe entre 10 et 12 °C. Les plantes ainsi préparées pourront être mises en pleine terre dans la deuxième quinzaine de mai, en sol chaud, riche, pas trop lourd et moyennement humide.

Dans les régions viticoles ces plantes passeront l'hiver dehors ; on taillera les parties aériennes à 50 cm au-dessus du sol, on couvrira de feuilles sèches ou de tourbe et on mettra au-dessus du tout une feuille en plastique. De telles plantes fleuriront évidemment plus tôt.

Eccremocarpus scaber (1) pousse à l'état sauvage au Chili, où cet arbuste atteint 5 m, alors qu'il ne mesure que la moitié en Europe. Fleurs de 3 cm de long, épanouies de juillet aux premières gelées

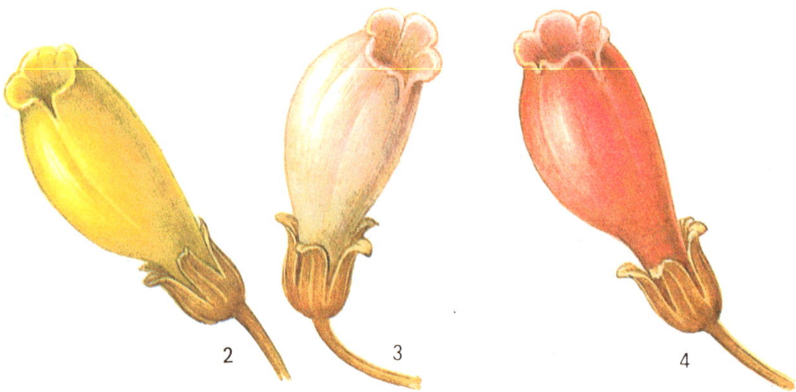

d'automne. Outre l'espèce d'origine aux fleurs rouge-orange, on cultive aussi des variétés jaunes, roses ou rouges. La variété horticole *E. scaber* 'Aureus' a des fleurs jaune d'or (2), *E. scaber* 'Roseus' des fleurs d'un rouge tirant sur le rose (3), *E. scaber* 'Carmineus' d'un rouge carmin (4) et *E. scaber* 'Ruber' donne des fleurs d'un rouge foncé. On cultive, encore plus rarement, des variétés à feuilles panachées de jaune et blanc. Cette plante très décorative, et relativement modeste, mériterait une plus large diffusion.

1

Episcie — *Episcia cupreata*

Gesnériacées
Gesneriaceae

Il y a plus de trente espèces du genre *Episcia* dans les forêts pluvieuses d'Amérique centrale et du Sud. Ce sont surtout des herbacées rampantes ou retombantes qui fleurissent d'avril à octobre, mais leurs fleurs sont éphémères.

Episcia cupreata n'a qu'une brève utilisation comme plante en pot, car pour réussir elle a besoin d'une haute humidité de l'air et, en été, d'une température de 20 à 25 °C et 16 à 18 °C en hiver. C'est pourquoi elle ne résiste pas longtemps en appartement. Elle ne supporte pas les rayons du soleil.

Les tiges retombantes de cette plante assez exigeante seront le mieux mises en valeur dans des récipients accrochés, dans une serre de fenêtre ou une vitrine. Dans l'aménagement d'une grande fenêtre tropicale, elle sera aussi d'un heureux effet en couverture de sol.

On la transplante avant le printemps dans un terreau meuble. En hiver, il faut l'arroser régulièrement, en adaptant les apports d'eau à la température et à l'intensité de la lumière.

Comme la multiplication végétative est assez aisée et que les vieilles plantes sont moins jolies, il est recommandé de cultiver chaque année de nouveaux plants. On multiplie en divisant les jeunes tiges qui s'enracinent aisément dans de bonnes conditions, à une température de 25 °C, à n'importe quel moment de l'année.

2

On cultive le plus souvent, comme plante en pot, *Episcia cupreata* (1) dont l'aire naturelle se situe en Colombie, sur les berges humides des cours d'eau. La principale tige fleurie ne dépasse pas quelques centimètres. Les tiges rampantes forment, à diverses distances de la plante-mère, des renflements d'où sortent de jeunes plantes avec des racines

1

qui plongent en terre. C'est ainsi que dans la nature l'épiscie se reproduit d'elle-même, couvrant rapidement une grande surface. Les feuilles peuvent avoir 13 cm de long sur 8 cm de large.
Les fleurs tubulaires, de couleur écarlate, ont 2,5 cm de long (2). Par sélection on cultive surtout *E. cupreata* 'Silver Sheen' à feuilles vert clair et dessins argentés.

Fusain
Euonymus fortunei

Célastracées
Celastraceae

Euonymus fortunei, appelé *E. radicans* var. *acutus* dans une ancienne littérature, est l'une des 170 espèces de fusains, originaires de Chine, Japon, Corée. C'est une plante ligneuse, vivace et grimpante qui atteint 3 m. On l'utilise dans les jardins modernes comme tapis de verdure en guise de gazon. Au début sa croissance est lente, mais par la suite elle s'accélère, on peut donc couper régulièrement, même avec une tondeuse à gazon adaptée pour ce faire. Les jeunes pousses sont molles, si elles ne trouvent pas de point d'appui elles rampent au sol où elles prennent facilement racine. Les feuilles ont 2 à 5 cm. En Europe ce fusain fleurit rarement, en juin et juillet, en ombelles de petites fleurs jaune-vert.

Un fusain pousse bien dans toute terre normale de jardin moyennement arrosée. La pénombre lui convient aussi, mais ses feuilles sont plus colorées au soleil. *E. fortunei* supporte bien une taille assez courte. Ceci est important quand on le cultive comme plante de couverture. De temps à autre, on coupe les plantes anciennes afin qu'elles repartent mieux.

E. fortunei se multiplie aisément par division des racines. Les jardiniers le font plutôt par bouturage, de préférence à la fin de l'hiver ou en août. On pique des boutures de 6 à 8 cm dans un mélange de tourbe et sable, l'enracinement dure quelques semaines.

Euonymus fortunei (1), plante ligneuse rampante, prend aisément racine mais porte rarement fleurs et fruits sous les climats européens. Feuilles d'un vert mat à nervures plus claires, avec un reflet rougeâtre en hiver. Les radicelles préhensives (2) s'enracinent facilement au contact du sol ou s'accrochent à un support, permettant aux tiges de s'élever à quelques mètres de hauteur.
On en cultive de nombreuses variétés, comme par exemple *E. fortunei* 'Carrieri' à feuilles vertes luisantes de 5 cm, le 'Coloratus' a des feuilles d'un pourpre foncé en automne et en hiver, le 'Gracilis' a des feuilles tachetées d'un blanc jaunâtre (3) devenant rougeâtre au moment du bourgeonnement et en hiver. *E. fortunei* 'Kewensis' a de faibles petits rameaux et de toutes petites feuilles (4), cette variété convient pour couvrir des rocailles ou un mur bas.

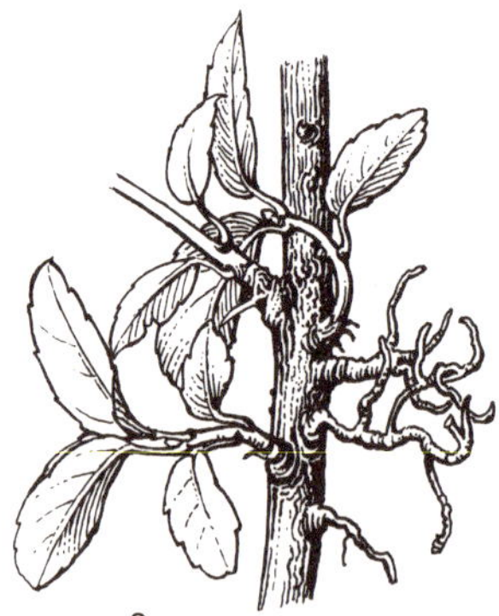

2

1
3
4

Polygonum, ou **Renouée** — Polygonacées
Fallopia baldschuanica — *Polygonaceae*

Le Polygonum genre Fallopia est un arbuste grimpant vigoureux, à feuilles tombantes, qui s'accommode de toute terre normale, supporte l'ombre mais fleurit davantage en un endroit ensoleillé. Ne craint pas la pollution industrielle de l'air.

Fallopia baldschuanica, plante ligneuse peu exigeante, devient vite si drue qu'elle couvre de verdure une grande surface. On l'utilise pour couvrir de verdure une clôture qu'elle rend impénétrable. Il faut seulement veiller à ce qu'elle ne devienne pas une gêne pour les voisins. Si on la plante au pied d'une pergola, il faut tenir compte, dans le matériau de cette construction, du poids futur de l'arbuste devenu grand.

On multiplie par bouturage, les boutures étant prélevées sur le bois de l'année avant les gelées, piquées en janvier dans un pot plein de terre meuble et riche, placé en serre froide.

Pour maintenir le polygonum à des dimensions raisonnables, il faut de temps à autre le tailler très court, ensuite les nouvelles tiges fleuriront d'autant mieux. La plante peut geler par très basses températures, mais au printemps elle repart du pied.

Fallopia baldschuanica (1) figure sous le nom de *Bilderdykia baldschuanica* ou *Polygonum baldschuanicum* dans une littérature relativement récente. Elle provient du Tadjikistan, où elle croît jusqu'à une altitude de 1 500 à 2 000 m. Dans les conditions climatiques européennes, l'arbuste peut grimper jusqu'à 15 m. Feuilles de 10 cm, petites fleurs de 6 mm de large, d'abord blanches (2) rosissant en cours d'épanouissement, avec dessous plus foncé : agréablement parfumées, elles attirent les abeilles. Disposées en longues panicules peu fournies, toutes du même côté.
F. baldschuanica fleurit de juillet à octobre; ne donne que rarement des graines, en Europe.

1
2

Ficus grimpant Moracées
Ficus pumila *Moraceae*

Le genre *Ficus* réunit environ deux mille espèces d'arbustes dont certains sont de véritables gros arbres imposants. Dans les appartements on cultive surtout le *Ficus pumila*, grimpant, parfois aussi appelé *F. stipulata*, originaire du Japon, Chine, Australie. Plante grimpante vivace, elle atteint 80 cm de haut. On cultive plus rarement une variété à croissance plus lente, *F. pumila* 'Minima', à petites feuilles de 15 mm de long et *F. pumila* 'Variegata' à feuilles tachetées de blanc.

F. sagittata connu aussi sous le nom de *F. radicans* a une immense aire de répartition allant de l'est de l'Himalaya au-delà des Philippines et de la Micronésie. Plante vivace, feuilles de 6 cm. La variété 'Variegata' aux feuilles tachetées de blanc exige plus de chaleur et croît plus lentement.

Ces deux variétés ne sont cultivées en appartement que sous leur forme jeune. Elles supportent bien les fortes variations de température et d'éclairage. Si les racines se dessèchent, la plante réagit en perdant ses feuilles. On ne fera que deux ou trois apports d'engrais durant la période de végétation active, à dose très diluée d'engrais composé.

Ces deux ficus se multiplient assez facilement par bouturage. On place quelques boutures dans un pot assez grand. Une humidification régulière et une forte humidité de l'air provoqueront l'enracinement en quatre semaines environ.

Ficus pumila (1) est une plante d'appartement, retombante, à feuilles assez molles de 3 cm. Sur les tiges grêles se forment, du côté opposé à la lumière, de petites racines préhensives (3, 4) grâce auxquelles la plante peut s'agripper même à un mur lisse comme du verre.

Les plantes encore jeunes s'utilisent pour décorer un intérieur frais ou chaud, mais un meilleur résultat s'obtient avec une fenêtre fermée, derrière laquelle la plante s'accrochera en épiphyte sur un tronc ou une branche. Les fleuristes plantent souvent *F. pumila* en coupe ou pot avec un tuteur couvert de mousse pour que le ficus y grimpe (2). Dans les régions de vignobles on peut même placer au jardin ce ficus qui, sous couverture, passera l'hiver sans dommage.

4
2
1

Fuchsia Onagrariacées
Fuchsia × hybrida *Onagraceae*

On connaît environ cent espèces de fuchsias, provenant en général d'Amérique du Sud et centrale, jusqu'à une altitude de 3 000 m dans les forêts humides. Buissons, arbustes ou même arbres richement ramifiés de rameaux retombants, ils fleurissent sans interruption de mai à octobre, et en serre pendant presque toute l'année.

Fuchsia × hybrida supporte bien l'ombre, c'est donc une plante que l'on peut placer en caisse sur une fenêtre orientée au nord ou au nord-est, avec un peu de soleil le matin. L'air humide à proximité d'un plan d'eau lui convient, c'est pourquoi le fuchsia fleurit le plus richement par un été pluvieux. S'il est arrosé régulièrement en suffisance, le fuchsia peut être placé au soleil. Il a besoin d'une terre riche en humus et en réserves alimentaires, avec une réaction du sol d'environ 6,0 pH.

Les fuchsias qui ont passé l'hiver à l'abri se mettent dehors dans la deuxième quinzaine de mai, quand ils ont déjà repris vigueur. Jusqu'à la mi-août on leur donne une fois par semaine un engrais combiné pauvre en chaux. Il est plus sûr de les rentrer avant les premières gelées nocturnes, ils passeront l'hiver entre 3 et 5 °C, avec le plus possible de lumière et des arrosages réduits. En mars, on les taille à 15 cm du sol, on les rempote et les laisse reprendre avant de les sortir.

On multiplie en bouturant des sommets avec trois paires de feuilles, autant que possible sans fleur ni bouton floral ; le meilleur moment se situant de fin juillet à août.

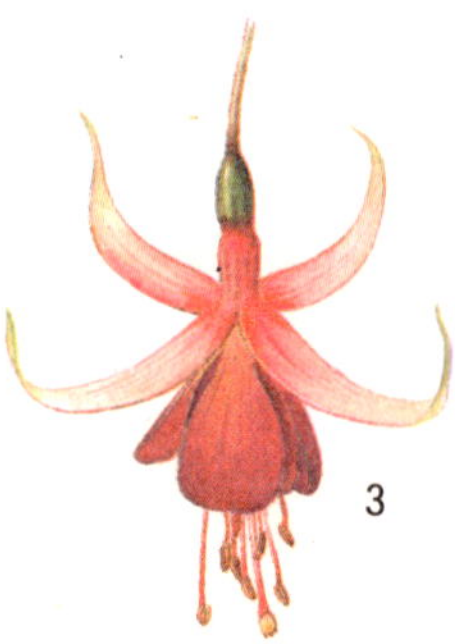
3

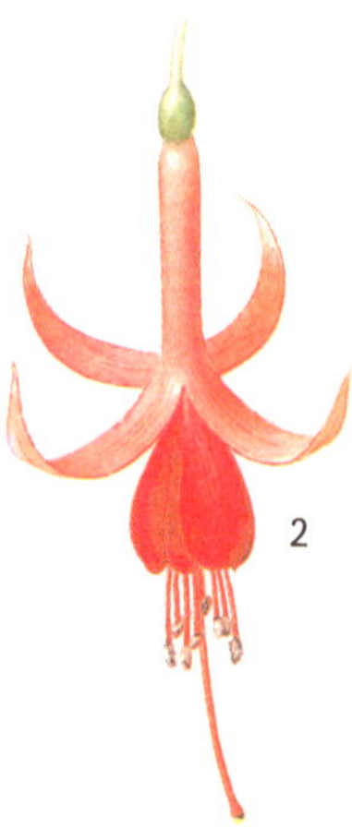
2

Sous l'appellation générique de *Fuchsia × hybrida* sont comprises les variétés horticoles obtenues par croisement de *F. magellanica*, *F. coccinea*, *F. arborescens*, *F. corymbiflora* et autres. Ces variétés ont des fleurs plus petites ou plus grandes, simples ou doubles, blanches, roses, rouges, violettes ; pétales et sépales de coloris variés. Les rameaux retombent plus ou moins, elles conviennent donc bien aux caisses de fenêtres ou de balcons.
Parmi les variétés expérimentées, citons *Fuchsia × hybrida* 'Marinka' aux fleurs simples ou mi-doubles, sépales rouges et pétales bleu-violet (1), 'Mr. W. Rundle'

aux fleurs simples, rose-orangé (2), 'Cara Mia' fleurs mi-doubles, blanc rosé à corolle rouge pourpré (3) et 'Gypsy Queen' à fleurs doubles aux pétales pourpre violacé (4).

Gloriosa — Liliacées

Gloriosa rothschildiana — *Liliaceae*

Le genre *Gloriosa* ne compte que six espèces qui croissent dans les régions périodiquement sèches d'Afrique tropicale et d'Asie.

La plus connue, *Gloriosa rothschildiana*, provient de l'Ouganda ; ses rhizomes bulbeux sont cultivés en serre par les horticulteurs en guise de fleurs exotiques. Entre deux rangées de ces plantes, on tend un fil de fer jusqu'à 2 m, et elles s'y accrochent par leurs griffes.

En serre ou en appartement, la température optimale sera, au moment de la végétation active, de 20 °C. En hiver, un endroit ensoleillé ; en été, plutôt la pénombre, lui conviendront.

Début mars, on plante un rhizome bulbeux à 5 cm de profondeur, dans un pot assez grand. Dès qu'apparaît une pousse, on l'attache à un tuteur d'un mètre de haut environ. En une seule végétation, la Gloriosa donnera autant de fleurs que le rhizome avait de centimètres de long. Après la floraison le rhizome doit rester au sec pendant six à huit semaines, afin de bien mûrir, ensuite on l'entrepose dans de la tourbe sèche ou du sable, à une température de 17 °C, avec une humidité de l'air de 70 %.

On peut aussi semer, en pot ou en bac rempli d'un mélange de terreau d'aiguilles, de tourbe et de sable. Par une température de 20 à 22 °C la germination se fait en soixante jours environ. L'année suivante, on plante en pot ou au jardin pour la saison d'été. Cette plante fleurit normalement la troisième année.

Gloriosa rothschildiana (1) est une liane atteignant 2 m, à tiges volubiles richement ramifiées, ses feuilles de 12 cm sont prolongées en griffes avec lesquelles la plante s'accroche. La fleur, d'aspect exotique, a 12 cm de large environ ; elle apparaît en juin et juillet, mais on peut influer sur le temps de la floraison en décalant le moment de la plantation, ce que font les horticulteurs. Ils obtiennent ainsi, en serre, deux floraisons par an. La capsule allongée (2) renferme environ quatre-vingt-dix graines noires à maturité. Les rhizomes bulbeux ont l'écorce d'un blanc jaunâtre, 2 cm de large et jusqu'à 25 cm de long. Le cultivar 'Citrina' a des fleurs d'un jaune citron avec un dessin rouge vineux.

1
2

Gynura Composacées
Gynura scandens *Compositae*

Le genre *Gynura* comprend vingt-quatre espèces de plantes vivaces ou arbustes répandus surtout dans les régions chaudes d'Asie et d'Afrique. Leur charme réside dans l'inhabituelle couleur des feuilles ; les capitules groupent une vingtaine de fleurs au parfum peu agréable.

Gynura scandens n'a été cultivée comme plante d'appartement qu'après la Deuxième Guerre mondiale. En serre, elle peut devenir très haute en quelques années, mais il lui faut un support, de solide fil de fer de préférence. En appartement, elle convient comme plante en pot suspendu ou accroché au mur.

La Gynura doit être exposée à la lumière pour que ses feuilles se colorent en été, elle se plaît avec une température de 20 et 22 °C, en hiver 15 °C suffisent. L'air sec d'un appartement comportant le chauffage central ne la dérange pas. Elle peut passer l'été au jardin, car elle supporte une plus forte chaleur.

Au moment de la croissance, il faut arroser abondamment, sans toutefois mouiller les feuilles qui se tacheraient. Il faut pincer souvent la plante pour qu'elle fasse de nouveaux rameaux, les anciennes feuilles perdant leur coloration décorative.

Les boutures prennent racine dans l'eau pure mais aussi dans une solution, la réaction optimale de la terre est de 6,0 pH. Les boutures enracinées se piquent par deux à cinq dans un pot.

1

Gynura scandens (1) est un arbuste d'Afrique tropicale orientale. Ses feuilles sont plus petites que celles de *G. aurantiaca,* ses fleurs, de couleur orange, s'épanouissent d'avril à septembre. Plante d'appartement grimpante ou retombante.

G. aurantiaca (3) est un arbuste des forêts de montagne de Java. Feuilles allongées, jusqu'à 20 cm, capitules floraux jaune soufre ou orange, fleurissant surtout de septembre à octobre mais également en d'autres saisons. Les fleurs s'ouvrent successivement, elles ne le font pas complètement comme chez les autres espèces de rosacées, et très vite la couleur des pétales se change en blanc argenté (2). Les semences des deux espèces ont de petites aigrettes, mais on ne les utilise pas pour la reproduction, car les deux espèces se reproduisent bien par bouturage.

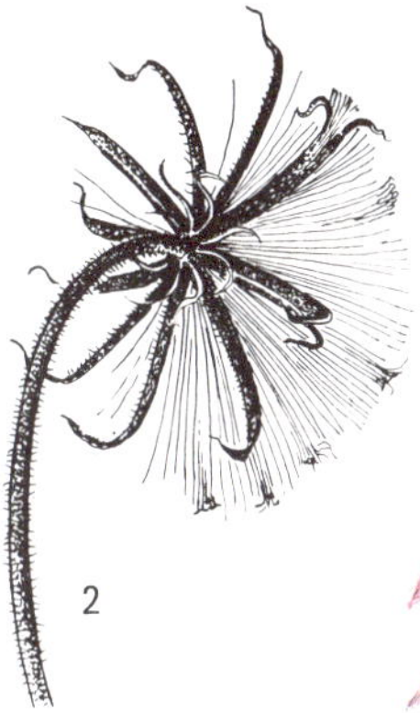

2

3

Lierre de Colchide Araliacées
Hedera colchica *Araliaceae*

Le genre *Hedera* ne comprend que cinq espèces en Europe, Asie et Afrique du Nord. Ces plantes ligneuses grimpantes, vivaces, s'agrippent à un support par de petites racines-crampons qui poussent par groupes du côté inférieur des rameaux stériles. Les branches fertiles se ramifient richement, elles poussent droit et ne forment pas de racines-crampons. Les ombelles semi-sphériques de petites fleurs vert-jaune ne s'épanouissent que sur les plantes assez grandes et vieilles, les fruits ne mûrissent qu'au printemps suivant.

Le lierre est une plante décorative pour intérieur peu chauffé. Les variétés horticoles apprécient une température d'hiver entre 10 à 16 °C, les variétés à feuilles bariolées hivernent le mieux à 16—18 °C. On peut garder un lierre en appartement toute l'année, mais en été il se trouve mieux à l'extérieur en un endroit ombragé. Mais il faudra le rentrer avant les premières gelées d'automne. Il ne pourra passer l'hiver au jardin qu'en un endroit bien abrité dans une région viticole.

Le lierre doit être régulièrement arrosé toute l'année, plus ou moins selon la saison. Les jeunes plantes se rempotent tous les ans, les plus vieilles tous les deux à quatre ans en un mélange fait de compost, terreau, tourbe et sable.

A l'intérieur on cultive le lierre non seulement en pot mais dans divers récipients muraux. Comme plante grimpante, il peut couvrir de verdure une grille décorative ou une cloison de séparation.

Hedera colchica (1) a son aire naturelle au Caucase et au nord de l'Iran. On ne le cultive comme plante ornementale qu'à son stade juvénile, avec des feuilles entières, cordiformes, atteignant 20 cm de long et 15 cm de large, et plus petites sur les tiges florales (3).
Les variétés à feuilles bariolées sont plus exigeantes en chaleur et lumière, mais en aucun cas elles ne supportent de rayons solaires tombant directement sur les feuilles. La variété horticolc *H. colchica* 'Dentata Aurea' a des feuilles marbrées de jaune (2), la 'Dentatovariegata' des feuilles bordées de blanc et jaune. Ces variétés ne se multiplient que par voie végétative, donc par bouturage.

1
3
2

Lierre commun — Araliacées
Hedera helix — *Araliaceae*

Hedera helix croît surtout en Europe et en Asie. Dans des conditions favorables, il atteint 12 à 20 m à l'air libre. A son stade juvénile il forme des feuilles plus ou moins lobées de 4 à 12 cm de long. Les feuilles des rameaux fructifères sont entières, atteignant 14 cm.

Outre l'espèce d'origine on cultive des variétés qui se distinguent par la forme et la couleur, éventuellement par la vigueur. Par exemple *H. helix* 'Arborescens' est une forme de l'espèce d'origine qui se reproduit végétativement, fournit beaucoup de fruits, et croît en arbuste arrondi de 2 m de haut se couvrant de nombreuses fleurs. *H. helix* 'Baltica' a de plus petites feuilles veinées de jaune, *H. helix* 'Conglomerata' pousse moins haut, ses feuilles sont plus petites, peu lobées, d'un vert sombre. Si ces variétés bénéficient d'une terre assez riche et humide, elles ne craignent ni la poussière ni les fumées de l'air.

On multiplie aisément par bouturage en piquant directement en pot ou au jardin, au printemps. Pour l'extérieur on n'utilisera que l'espèce originelle ou des variétés résistant à l'hiver. On peut planter au pied d'un mur à crépi rugueux pour que la plante s'y accroche, près d'un arbre vigoureux à écorce rugueuse, pour que le lierre pousse jusqu'à la cime.

Hedera helix se cultive volontiers comme plante en pot, dans de nombreuses et jolies variétés, mais seulement à leur stade juvénile. *H. helix* 'Sagittifolia' (1) surtout a de jolies feuilles à lobe étroit. Les variétés *H. helix* 'Marmorata' (2) et 'Chicago' (3) se distinguent par la forme, la grandeur des feuilles et leur couleur,

4

1

mais aussi par leur capacité de résistance à l'hiver dans nos régions. A partir de ces variétés les plus robustes, on peut créer au jardin une clôture vive qui prend peu de place, ou la laisser s'étaler à l'ombre comme un gazon. Les variétés naines à petites feuilles conviendront pour orner une rocaille.

Les fruits du lierre (4) ne mûrissent qu'au printemps de l'année suivante.

2

3

Asclépiade — Asclépiadacées
Hoya bella — *Asclepiadaceae*

Plus de cent espèces d'asclépiades proviennent du Sud-Est asiatique et d'Australie. Ce sont des lianes ligneuses à feuilles coriacées de type sempervirens. Les fleurs fortement parfumées s'ouvrent de mai à septembre.

Hoya bella est plus exigeante quant au milieu et aux soins que *H. carnosa* plus souvent cultivée. Pour bien mettre en valeur leur caractère de plantes retombantes, on les place dans un pot suspendu ou en épiphytes sur un tronc, une branche, derrière une fenêtre exotique chauffée.

Cette espèce aime la chaleur, autour de 25 °C en été et 18 °C en hiver. Dans un endroit assez éclairé mais protégé des rayons directs du soleil, les rameaux poussent mieux et fleurissent davantage.

Au moment de la croissance et de la floraison, il faut arroser abondamment et une fois par semaine ajouter une solution à 0,1 % d'engrais composé à faible teneur en azote. Il ne faut ni déplacer inutilement ni tourner l'asclépiade, car ses boutons floraux se faneraient. On peut transplanter tous les deux à quatre ans, de préférence au printemps, les plantes un peu vieilles. Pour favoriser la formation de boutons floraux, on procurera au moins six semaines de calme végétatif relatif en réduisant les arrosages, ceci jusqu'à fin février.

Hoya bella ne s'enracine pas bien, il vaut donc mieux greffer sur un porte-greffe bien enraciné comme *H. carnosa,* de préférence au printemps juste avant la nouvelle montée de la sève.

2

Hoya bella (1), originaire de Birmanie, est une plante richement ramifiée, et plutôt retombante. Ses feuilles succulentes ont 3 cm de long. Les fleurs (2) d'un cm de large seulement sont disposées en ombelles de 8 à 12, qui semblent être en cire ou en verre opalin. Elles sont agréablement parfumées. Pour des raisons inconnues jusqu'à présent, chez certains clones la floraison se fait très tôt : surtout chez de toutes jeunes plantes, alors que chez d'autres les premières fleurs n'apparaissent qu'au bout de nombreuses années. Il ne faut pas couper les fleurs fanées, car c'est sur elles que s'épanouiront les fleurs de l'année suivante.

Asclépiade Asclépiadacées
Hoya carnosa *Asclepiadaceae*

Hoya carnosa est une liane en grande faveur pour la culture en appartement. Elle ne souffre pas trop d'un milieu poussiéreux, pourvu qu'on asperge et lave ses feuilles de temps en temps. Elle convient bien pour grimper sur les *claustra*. Les plantes, un peu âgées, couvriront aisément de grands murs; elles poussent aussi très bien dans l'eau.

H. carnosa est moins exigeante que l'espèce précédente, 12 à 15 °C lui suffisent pour passer l'hiver, et elle supporte bien l'air sec d'un appartement. En été on peut la placer dans son pot, au jardin, en un bon endroit.

On multiplie par bouturage de sommets ou de rameaux de tiges bien mûres, de préférence au printemps, mais dans des conditions idéales on peut le risquer en d'autres temps. Les boutures avec une ou deux paires de feuilles se piquent en petits pots remplis d'un mélange de tourbe et sable, l'enracinement se fait en moyenne en quatre à cinq semaines, par 22 °C, avec une bonne humidité et lumière. Selon les besoins et le développement des plantes, on rempote dans de plus grands récipients et on tuteure, à un bâton ou à un arc en fil de fer. D'habitude les boutures ne fleurissent qu'au bout de deux à trois ans.

Des arrosages réguliers sont nécessaires au moment de la pleine végétation et floraison. En période de dormance, soit en janvier et février, trop d'arrosage provoque maladie des racines et chute des feuilles. On rempote tous les deux à quatre ans, au printemps, dans un mélange de bon terreau et de sable.

Hoya carnosa (1) croît dans les forêts claires de la Chine centrale jusqu'à l'Australie orientale. Cet arbrisseau volubile forme au début des drageons

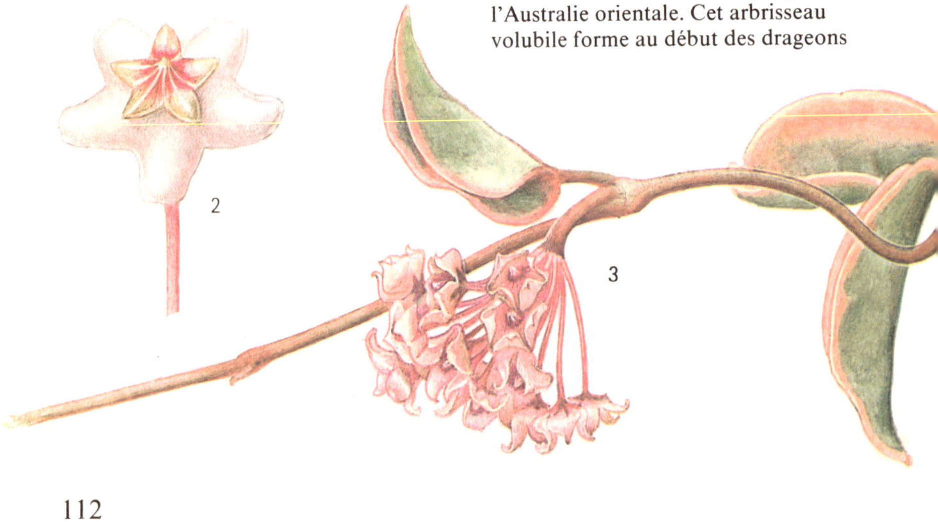

rampants sans feuilles, puis graduellement apparaissent des feuilles coriacées de 5 à 8 cm de long. L'inflorescence se compose de petites fleurs de 15 mm de large, d'un blanc rosâtre avec une tache rouge au cœur, qui ont l'aspect d'une petite roue dentée (2). On les dirait en cire.
On cultive aussi la variété 'Variegata' à feuilles tachetées d'un blanc jaunâtre et bordées de rouge (3), ainsi que la variété 'Exotica' à feuilles jaunes au centre et bordées de vert. Les feuilles des variétés bariolées contenant moins de chlorophylle poussent plus lentement et exigent plus de chaleur que l'espèce d'origine, elles fleurissent moins.

Hortensia grimpant — Saxifragacées
Hydrangea anomala — *Saxifragaceae*

Le genre *Hydrangea* compte trente-cinq espèces dont une seule se cultive comme plante grimpante.

Hydrangea anomala ssp. *petiolaris,* encore dénommé *H. scandens* dans diverses publications, est l'une des rares lianes plantées dans les jardins européens, quoique ces plantes, un peu âgées, supportent assez bien les hivers les plus rudes.

L'hortensia grimpant sera placé en un endroit un peu protégé et ombragé; la terre sera riche en humus, fertile, modérément acide et assez humide.

En un endroit favorable, cet hortensia vivra de longues années et couvrira une grande surface. Il convient pour garnir de verdure un mur exposé au nord. Il peut aussi grimper sur un grand arbre, jusqu'à la cime.

On le plante avec sa motte de racines, de préférence au printemps, pour qu'il ait bien repris avant l'hiver. La première année on le couvrira de feuilles, tourbe et fumier pour l'hiver. Pour l'arrosage il faut de l'eau douce, les racines ne peuvent pas se dessécher. Pendant la végétation on ajoute un engrais combiné. Une taille régulière n'est pas nécessaire, légèrement seulement de temps à autre.

Se multiplie surtout par marcottage : au printemps on enfonce un rejet dans une rainure peu profonde dans le sol, en laissant sortir la pointe. On coupera au bout d'un an, et plantera à l'endroit choisi.

Hydrangea anomala ssp. *petiolaris* est abondante dans les forêts du Japon, de Corée, du centre de la Chine et de Taiwan où elle ateint 10 à 20 m, tandis qu'en Europe elle ne dépasse que rarement 5 m. Des racines préhensiles (3)

2

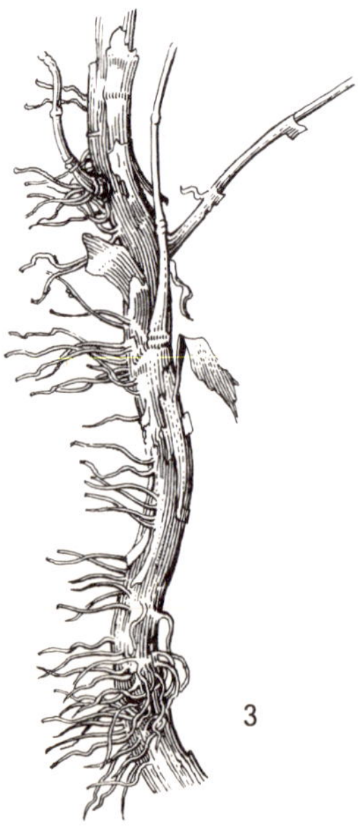

3

1

poussent sur toute la longueur des tiges brunes, permettant à la plante de s'accrocher. Sur ces tiges à crampons ne se forment pas de fleurs.
Les feuilles atteignent 15 cm.
L'inflorescence (1) a 20 à 25 cm de large, c'est une ombelle plate composée de petites fleurs fertiles entourées d'une couronne de fleurs stériles, blanches, de 3 cm de large (2). Floraison habituelle en juin et juillet. Souvent la plante porte tant de fleurs qu'on ne voit plus les feuilles.

Ipomée — *Ipomoea tricolor*

Convolvulacées — *Convolvulaceae*

La nomenclature du genre *Ipomoea* manque d'unicité, car certains spécialistes y rangent des espèces que d'autres attribuent aux genres *Pharbitis* et *Quamoclit.*

Sans les jardins, on cultive le plus souvent *Ipomoea tricolor* qui est semblable à l'espèce *Pharbitis rubrocaerulea.* Elle provient du Mexique où elle est cultivée depuis des siècles. Là-bas, c'est une plante vivace, mais en Europe elle est annuelle, il faut donc la semer tous les ans. L'ipomée peut agréablement garnir de verdure des clôtures, treillis, orner un balcon, une loggia, une terrasse. Pour ces usages on la plante en un grand pot, un tonneau, une urne, de façon à permettre aux tiges de s'agripper à une construction. Elle se développera le mieux contre un mur orienté au sud, où elle s'accrochera à des lattes ou des fils tendus. Certes, elle n'établit pas d'écran de verdure impénétrable, et il faut compter avec le fait que cette splendeur sera éphémère : les premières gelées y mettant fin.

L'ipomée requiert un endroit abrité, chaud et ensoleillé. La terre sera profonde, riche en humus et légèrement alcaline.

On sème d'habitude vers fin mars — début avril, en petit pot sous verre. Il y a environ 50 graines dans 1 g, qui germent en cinq à quatorze jours. Au début il faut tuteurer, ensuite la plante s'accrochera toute seule.

Ipomoea tricolor (1) monte à 3 m, ses fleurs ont de 8 à 10 cm de large, le bord de la corolle est d'abord rougeâtre puis vire au bleu azur. Floraisons surtout en août et septembre. On en a sélectionné quelques variétés, telles *I. tricolor* 'Blaustern' qui a des fleurs bleues avec une étoile plus sombre, 'Crimson Rambler' aux fleurs carminées. Chez la variété 'Darling' le cœur est blanc et les bords rouge carmin, et 'Heavenly Blue' a des fleurs d'abord azurées puis violacées, qui s'épanouissent très tôt.

Pharbitis purpurea (2) est également une plante annuelle provenant d'Amérique tropicale, qui atteint 3 m, fleurit en juillet et août, ses fleurs ayant 6 cm de large. Le milieu, la culture, l'utilisation et la multiplication sont identiques à ce qu'exige l'Ipomée.

Jasmin d'hiver Oléacées
Jasminum nudiflorum *Oleaceae*

Quelque deux cents espèces de ce genre croissent dans les régions tropicales et subtropicales de l'hémisphère nord.

Dans les jardins, *Jasminum nudiflorum* fleurit en hiver, ses rameaux sont couverts de petites fleurs sur toute leur longueur, la plante résiste bien et ne souffre même pas de gelées de longue durée. Le Jasmin d'hiver fleurit sur le vieux bois, il ne faut donc pas le tailler inutilement.

Le jasmin exige un terrain profond, humifère et pas trop sec. Par grand froid, il arrive que les pousses de l'année gèlent : on prendra donc la précaution de le couvrir légèrement de branches de conifères.

Avant l'arrivée de l'hiver, il faut arroser copieusement car les fins rameaux d'un vert cru transpirent même en cette saison. Il est bon aussi de couper de temps en temps le bois jusqu'au sol, pour obliger la plante à former de nouvelles branches qui fleuriront mieux l'année suivante.

On multiplie assez facilement par marcottage car les branches qui touchent le sol s'y enracinent d'elles-mêmes. On peut, l'année suivante, les séparer de la plante-mère et les mettre en place. De mai à juillet, on peut aussi bouturer des sommets, piqués en bacs sous verre. En hiver on peut aussi bouturer des tiges ligneuses, le mieux est de piquer la bouture en pot quc l'on place en serre.

Jasminum nudiflorum (1) provient de Chine occidentale. Atteignant 2 m, branches retombant en arc, à feuilles

caduques. Fleurit sur le bois de l'année précédente, encore avant la feuillaison et, selon l'emplacement, de décembre à avril. Souvent les premières fleurs tombent dès les premières chutes de neige, mais la floraison reprend à la fin de l'hiver. Petites fleurs d'environ 1,5 cm au délicat parfum.
Les petites feuilles de 2 cm (2) n'apparaissent qu'en avril. On peut planter ce jasmin près d'un mur orienté au nord ou dans toute autre direction. Naturellement, il fleurit plus tôt s'il est au soleil. On peut l'attacher à un espalier de lattes ou à du fil tendu. Il produit un bel effet sur un rocher ou un mur de pierre sèche d'où ses branches retomberont. Ces branches fleuries feront aussi de jolis bouquets pour les vases : elles fleuriront jusqu'au dernier bouton.

Pois de senteur
Lathyrus odoratus

Légumineuses
Leguminosae

Environ cent espèces de pois de senteur sont répandues dans les zones tempérées de l'hémisphère nord et en Amérique du Sud. Ce sont des plantes grimpantes, annuelles ou vivaces, formant des vrilles pour s'accrocher.

Dans les jardins on cultive surtout le pois de senteur originaire du sud de l'Italie et de Sicile. On en garnit les treillages, les balcons, ou les fenêtres. Les fleurs délicates ont des tons pastel, coupées elles tiennent longtemps dans un vase, jusqu'à quatre à six jours. Il faut savoir que plus on les coupe, plus les plantes fleurissent, car si on laisse les fleurs se faner sur pied, elles forment des gousses et la partie aérienne de la plante se dessèche.

Les pois apprécient un endroit chaud et ensoleillé, une terre légère mais riche en substances nutritives, un peu calcaire.

Les jeunes plants supportant assez bien le froid, on peut semer directement en place dès la mi-avril. On sème trois graines dans un poquet à environ 5 cm de profondeur. Il y a de douze à quatorze graines dans 1 g, et elles gardent leur pouvoir germinatif durant 3 ans ; par 15 à 18 °C elles germent en quatorze jours.

Si les racines se dessèchent, les feuilles tombent : il faut donc arroser régulièrement s'il ne pleut pas. Au moment de la floraison, on donnera toutes les deux semaines 20 g d'engrais complet par m^2.

Lathyrus odoratus (1) est une plante annuelle grimpante souvent cultivée ; elle s'accroche à tout support proposé à ses vrilles, montant ainsi jusqu'à 2,5 m. L'espèce d'origine est rose, de parfum agréable. On en a sélectionné de nombreuses races qui se différencient par la croissance, l'époque de floraison, la grandeur et la couleur des fleurs. Parmi les variétés les plus courantes, citons *L. odoratus* 'Pink Pride' (2) à fleurs roses au cœur blanc, 'Danny' (3) bleu foncé, 'White Ensign' (4) d'un blanc pur. Dans les jardins, tous ces pois de senteur fleurissent surtout de juin à août, mais on peut varier ces dates d'après le moment du semis. Les horticulteurs les cultivent sour verre pour avoir des fleurs en d'autres saisons. Les fruits sont des cosses allongées, ciliées (5).

5

1

Chèvrefeuille Caprifoliacées
Lonicera caprifolium *Caprifoliaceae*

Le genre *Lonicera* comprend environ cent quatre-vingts espèces, provenant surtout des zones tempérées et subtropicales de l'hémisphère nord. On y place des espèces à feuilles caduques et sempervirens, peu d'espèces sont volubiles.

Lonicera caprifolium, plante ligneuse grimpante, convient pour «verdir» une clôture, un mur, un grillage aussi bien qu'une colonne ou une pergola. Pour peu qu'on lui offre un support, le chèvrefeuille y grimpera, couvrant rapidement une grande surface. Les tiges volubiles gagnent un demi-mètre par an. Les plantes plus vieilles se dénudent par le bas, il est donc indiqué de les rajeunir au bout de quelques années en les taillant largement.

Plante ligneuse peu exigeante, elle résiste à l'hiver et supporte le soleil comme la pénombre. Ce qui lui convient le mieux c'est une terre meuble, riche en matières nutritives et un peu humide.

Parmi les variétés, on cultive surtout *L. caprifolium* 'Praecox' aux fleurs plus claires que l'espèce d'origine et qui fleurit dès la mi-mai, *L. caprifolium* 'Pauciflora' a les fleurs d'un rouge plus intense à l'extérieur.

On multiplie par semis de graines stratifiées au printemps. Les variétés se reproduisent uniquement par voie végétative, marcottage et bouturage.

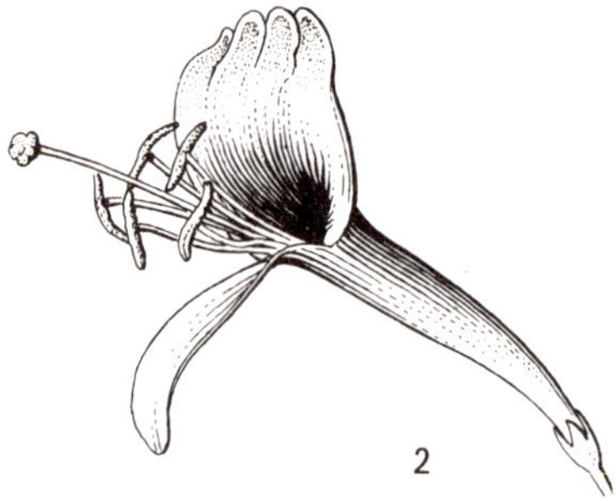
2

3

Lonicera caprifolium (1) est une espèce européenne qui pousse sur les versants broussailleux et à l'orée des bois clairs ; plante ligneuse grimpante dextrogyre à feuilles caduques, elle peut atteindre 5 m. Les fleurs tubulaires, de 4,5 cm (2), ont un parfum agréable, plus intense vers le soir. C'est pourquoi elles attirent de nombreuses phalènes, non seulement par leur parfum mais par la vivacité des couleurs de leurs fleurs.

Après la floraison, à l'aisselle des feuilles se forment des baies rouges groupées autour de la tige comme une petite couronne de corail (3). Ces baies, d'environ 7 mm de diamètre, sont mûres en septembre, mais elles ne restent pas longtemps en place, car dès la venue de l'hiver, les oiseaux les mangent.

Chèvrefeuille, ou **Lonicère sarmenteux** — Caprifoliacées
Lonicera japonica — *Caprifoliaceae*

Le *Lonicera japonica* est une race de chèvrefeuille très robuste provenant du Japon, de Chine et de Taiwan où il atteint 6 m ; il a été importé en Europe dès 1806. Plante ligneuse, dextrogyre, feuilles de 5 cm sur 3 demeurant jusqu'à Noël, fleurs tubulaires de 4 cm de long, d'abord blanc-jaune à reflet rouge puis jaune en s'épanouissant, d'un parfum agréable. Floraison surtout en juin et juillet. Multiplication par boutures ligneuses ou pousses de l'année. Préfère une terre meuble et modérément humide.

L. giraldii provient du nord-est de la Chine. Plante sempervirens, grimpante, atteignant 2 m ; feuilles de 4 à 9 cm couvertes de souples petits poils jaunes ; fleurs de 2 cm seulement, rouge pourpré, écloses en juin et juillet.

L. henryi croît en Chine occidentale, où il atteint 3 à 4 m de haut. Exige un emplacement chaud et abrité avec une bonne protection pour l'hiver. Se couvre au début de l'été de fleurs d'un jaune-rougeâtre. Par de fortes gelées la partie aérienne de la plante périt, mais au printemps la plupart de ces chèvrefeuilles reprennent du pied.

L. sempervirens provient du sud-est des Etats-Unis. Espèce peu volubile qui garde ses feuilles tout l'hiver quand il n'est pas trop rude. Fleurs de 4,5 cm rouge-orangé, sans parfum. Supporte le climat européen mais il est bon de le couvrir de brindilles avant l'hiver.

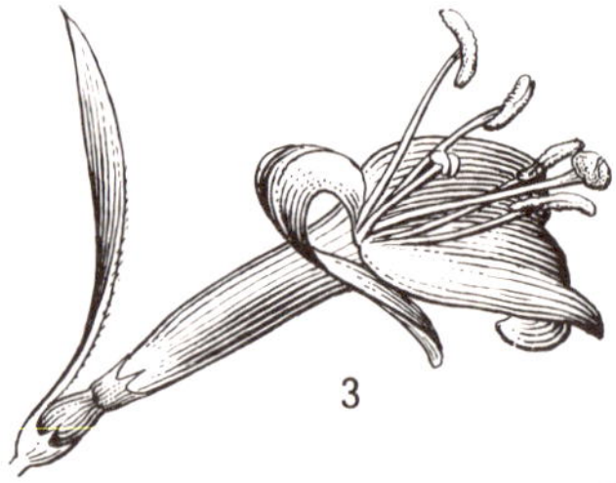

3

Dans les jardins d'Europe, on cultive plusieurs variétés de *Lonicera japonica*. Le cultivar 'Aureovariegata' (1) connaît une grande faveur, avec ses tiges atteignant 2 m et ses fleurs d'un blanc veiné de jaune. Cette variété est assez sensible à la gelée, elle se plaît bien à l'ombre claire de feuillus dont les feuilles qui tombent à l'automne lui procurent une bonne couverture contre le froid. La variété *halliana* comporte des fleurs blanches qui jaunissent par la suite ; la variété *repens*, désignée comme *L. flexuosa* dans la littérature, a de délicats rameaux retombants et des fleurs rouges.
L. henryi (2), espèce à feuilles mi-caduques de 7 cm, fleurs de 2 cm, s'épanouissant également en juin et juillet (3).

2
1

Chèvrefeuille grimpant Caprifoliacées
Lonicera periclymenum *Caprifoliaceae*

Lonicera periclymenum croît spontanément dans les bocages peu touffus en Europe, Afrique du Nord et Asie Mineure. Ses tiges robustes grimpent vers la lumière et sont capables d'étouffer les plantes ligneuses qui leur servent de support. Dans les parcs et jardins, ce chèvrefeuille grimpant trouve des utilisations multiples. C'est une espèce peu exigeante qui, toutefois, demande un terrain pas trop sec. Se multiplie par boutures de sommets ou tiges ligneuses.

L. alseuosmoides atteint 3 à 5 m en Chine, son pays d'origine. Ses feuilles de 3 à 6 cm tiennent jusqu'à Noël, dans de bonnes conditions climatiques. Fleurs de un cm, jaune pourpre, écloses de mi-juillet à mi-septembre ; les fruits sont des baies noires givrées.

L. etrusca provient de Méditerranée, espèce semi-caduque : c'est-à-dire qu'elle conserve ou non ses feuilles selon l'âpreté de l'hiver. On plante donc dans un endroit chaud et abrité. Fleurs d'un jaune-rougeâtre, de 4 cm, et agréablement parfumées, épanouies en juillet et août.

L. hirsuta, espèce à feuilles caduques d'Amérique du Nord, atteint 4 m, fleurs jaune orangé de 2,5 cm. Fleurit en juin et juillet. Résistance moyenne à l'hiver. Feuilles ovales, pointues, avec un net réseau de veines et le dessous vert-gris.

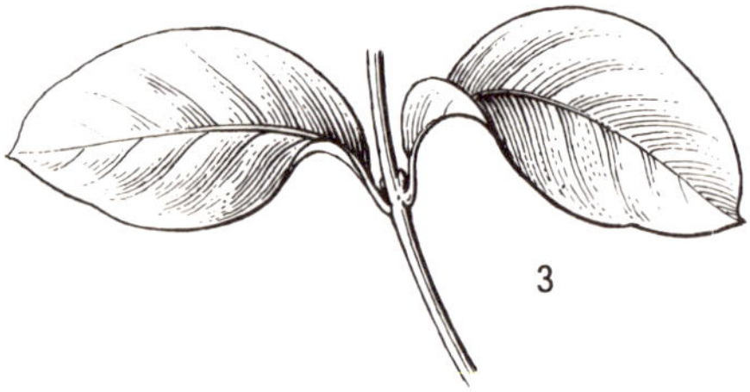

3

2

Lonicera periclymenum (1) est une liane exubérante, dextrogyre, atteignant 5 m. Feuilles caduques de 6 cm. Fleurs tubulaires de 4 à 5 cm de long (2) au parfum agréable surtout vers le soir. C'est une plante remontante, sur laquelle peuvent se trouver en même temps fleurs et fruits. A la différence de *L. caprifolium*, il n'a pas de petites feuilles soudées entre elles au sommet (3).

Dans les jardins, on plante de préférence des variétés moins envahissantes, par exemple 'Belgica' à fleurs d'un rouge pourpre d'abord puis virant au jaune, écloses dès mai et juin, 'Florida' à fleurs écarlates épanouies en juillet et août, et 'Serotina' à fleurs également pourpres, mais apparaissant d'août à septembre.

Chèvrefeuille de Brown Caprifoliacées
Lonicera × brownii *Caprifoliaceae*

Lonicera × brownii est le résultat d'un croisement de *L. hirsuta* avec *L. sempervirens,* obtenu vers le milieu du XIXe siècle. En Europe, il réussit beaucoup mieux que ses deux parents ; ses rameaux s'enroulent légèrement autour de leur support ou s'accrochent aux branches voisines. Atteint 2 à 3 m. Feuilles de 7 cm de long, caduques. *L. × brownii* a donné naissance à une série de variétés horticoles : *L. × brownii* 'Fuchsioides' atteint 3 m, est semi-caduque, fleurs tubulaires rappelant celles du fuchsia, de 3 à 4 cm de long ; *L. × brownii* 'Plantierensis' est exubérante, à grandes fleurs rouge corail, épanouies à la même saison que l'espèce d'origine ; *L. × brownii* 'Punicea' est une variété à croissance plus lente, à fleurs rouge carmin avec un reflet orangé.

La plupart des espèces et cultivars de chèvrefeuille supportent aussi bien le soleil que l'ombrage, mais la terre recouvrant les racines doit être protégée par l'ombre des plantes voisines contre les rayons directs du soleil. Les chèvrefeuilles se plaisent aussi bien en terre légèrement sablonneuse que dans un terrain plus lourd et argileux, en terre neutre qu'en terre acide ou fortement alcaline. Leur système de racines s'étale à peu de profondeur sous la surface du sol, c'est pourquoi on retiendra une terre humide, riche en humus et en matières nutritives.

2

Lonicera × brownii 'Dropmore Scarlet Trumpet' (1) est un chèvrefeuille canadien, résistant bien à l'hiver. Les feuilles demeurent très longtemps sur cette variété qui fleurit de fin juin à octobre, ses fleurs couleur feu de 2,5 à 4 cm s'ouvrant les unes après les autres sur les verticilles. Elles ne dégagent aucun parfum. Après la floraison apparaissent des baies (2) contenant chacune deux à quatre graines qui mûrissent de septembre à novembre. Le signe distinctif de l'espèce *L. × brownii* et de ses variétés horticoles est un tube floral étroit, à bord très court (3). La corolle bilabiée est légèrement renflée à la base. En Europe, on l'utilise avec succès pour garnir des clôtures, murs, colonnes, petites pergolas et écrans. On peut aussi employer les fleurs pour diverses décorations intérieures, mais seulement durant un temps assez court.

1

3

Lonicère de Heckrott, ou **Chèvrefeuille** *Lonicera × heckrottii*

Caprifoliacées
Caprifoliaceae

Lonicera × heckrottii est un hybride de *L. × americana* et de *L. sempervirens,* sélectionné à la fin du siècle dernier. On le plante volontiers dans les parcs et jardins, mais il a besoin d'une terre riche. Comme ce chèvrefeuille pousse vite, on l'utilise parfois pour cacher une palissade, un vieux mur ou une grange peu esthétique. Cette plante mériterait d'être plus répandue.

L. × americana ne provient pas d'Amérique, en dépit de son nom, c'est un croisement entre les espèces européennes *L. caprifolium* et *L. etrusca,* qui pousse à l'état sauvage dans le Midi de la France, y atteignant 6 m.

Les hybrides de chèvrefeuille et leurs variétés horticoles se multiplient seulement de façon végétative. On marcotte en creusant un sillon peu profond que l'on remplit de terreau, pour y enterrer un rameau de deux ans. L'année suivante on peut séparer de la plante-mère et mettre en place.

Les espèces moins vigoureuses, comme *L. × brownii, L. × heckrottii* et leurs variétés, se multiplient par boutures d'environ 10 cm prises au sommet, et qui s'enracineront au mieux en serre, en juin et juillet. Les espèces plus exubérantes comme *L. caprifolium* et *L. periclymenum* se bouturent par rameaux ligneux que l'on coupe au début de l'hiver et pique dans une plate-bande sous serre ou dans un pot que l'on pourra mettre dehors dès avril.

Lonicera × heckrottii (1) est un arbuste dextrogyre, peu volubile qui atteint 3 m. Riche floraison, surtout en juillet et août, fleurs disposées en verticilles assez chargés. Le tube de la fleur a environ 4 cm de long ; très colorée, elle dégage un

1

fort parfum. La variété 'Gold Flame' est rouge-orange à cœur jaune.
L. × *americana* (2) a des feuilles caduques atteignant 8 cm, les trois paires supérieures étant concrescentes. Se couvre de juin à août de fleurs d'un rouge jaunâtre de 4,5 cm de long, qui deviennent jaunes après épanouissement, et sentent très bon. Le cultivar 'Rubella' a des fleurs pourpre foncé et 'Atrosanguinea' (3), des fleurs rouge pourpre à fond jaune. Les deux espèces sont peu exigeantes quant au terrain et supportent un emplacement un peu ombragé.

Lonicère de Tellmann, ou **Chèvrefeuille** — Caprifoliacées
Lonicera × tellmanniana — *Caprifoliaceae*

Lonicera × tellmanniana est encore un hybride inter-espèce sélectionné en 1920, en Hongrie, à partir de l'espèce d'Amérique du Nord *L. sempervirens* et de l'espèce chinoise *L. tragophylla*. Il a hérité des qualités de ses parents, comme la vigueur, le coloris, la résistance à l'hiver, et les a encore dépassées. Seule insuffisance : ses belles fleurs n'ont aucun parfum. Plus exigeant que les espèces et variétés précédentes, veut une terre plus lourde et plus riche et ne peut être exposé aux vents et au soleil d'hiver. Il doit avoir assez de lumière mais le soleil ne peut chauffer la terre sur les racines. On protègera celles-ci en plantant dans le voisinage immédiat quelques plantes qui formeront ombrage.

La plupart des chèvrefeuilles ne dépassent pas 3 à 4 m, ce qui limite leur utilisation. Dans les conditions climatiques européennes, on les utilise surtout pour garnir grillages, colonnes, etc. Pour une pergola, on retiendra les espèces les plus exubérantes. Dans tous les cas, il faut prévoir un support assez solide auquel on attache les tiges, au début, avant qu'elles ne soient capables de s'accrocher d'elles-mêmes.

Pendant la végétation, tous les chèvrefeuilles ont besoin d'arrosage ; on en activera la croissance et la floraison par des apports d'engrais, la dernière dose au plus tard vers la mi-août, pour que les pousses de l'année puissent encore mûrir avant l'arrivée de l'hiver.

2

Lonicera × tellmanniana (1), plante ligneuse volubile de croissance assez rapide, atteint 5 m. Feuilles de 8 cm de long sur 4 de large, soudées entre elles au sommet, les autres sont séparées. Fleurs tubulaires de 4,5 cm de long (2). Floraison de fin mai à début juillet. Les chèvrefeuilles grimpants, au bout de quelques années, se dénudent par le bas, alors soit au tout début du printemps on les rajeunit en taillant à 50 cm du sol, ou bien on plante devant un autre jeune chèvrefeuille de la même espèce ou variété, qui couvrira la nudité de l'ancien.

1

On obtiendra aussi un bon résultat en plantant devant le chèvrefeuille un jasmin d'hiver qui comblera l'endroit nu tout près du sol, mais pourra aussi grimper dans le chèvrefeuille.

Momordique, ou **Pomme de merveille** — Cucurbitacées
Momordica charantia — *Cucurbitaceae*

Le genre *Momordica* englobe environ soixante espèces dont la plupart poussent en Afrique et en Asie tropicale et subtropicale. Ce sont des herbacées grimpantes à longues vrilles. Fleurs surtout jaunes, écloses selon la date des semis, le plus souvent de juin à août.

Momordica balsamina, qui croît à l'état sauvage en Afrique et jusqu'au nord-est de l'Inde, a été importée en Australie et en Amérique tropicale. C'est une plante annuelle de 1,5 m à feuilles palmées; ses fruits, couverts de petites verrues rugueuses sont d'abord verts puis deviennent d'un jaune orange à maturité.

M. cochinchinensis est originaire de l'Inde, du Vietnam, de Taiwan et des Philippines. Plante vivace, ses rameaux sortant d'un rhizome bulbeux atteignent 8 m. Feuilles d'un vert foncé, coriacées, à trois à cinq lobes. Fruits ovales, baies de 12 cm de long couvertes de verrues qui se colorent en rouge orangé à maturité. Leur chair sert de teinture naturelle.

M. charantia, plante annuelle de 2 m de haut, provient des tropiques de l'Ancien Monde où elle se cultive comme légume. Dans le climat subtropical de l'Europe méridionale on la cultive par endroits, parfois sous plastique. On sème le plus tôt possible puis on plante en place. Il lui faut un support où s'accrocher. Cela peut-être un bâton, un bambou, un fil de fer tendu ou un solide fil de nylon.

Momordica charantia (1) est une cucurbitacée à végétation assez longue. Les fruits, de 20 cm de long, sont d'abord d'un blanc vert, puis jaune orangé à maturité. Le fruit mûr, sa forte écorce éclate, laissant apparaître les graines plates, de couleur beige, entourées d'une pulpe rouge écarlate (2). Dans leurs régions d'origine ces fruits sont depuis longtemps employés dans la médecine populaire car ils contiennent une matière amère propice à la digestion.

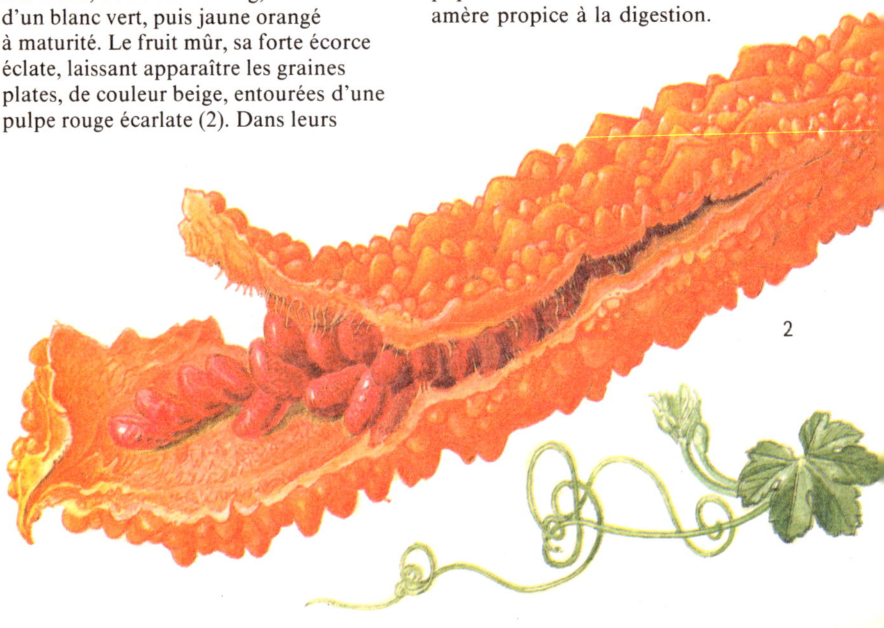

2

1

Philodendron
Monstera deliciosa

Aracées
Araceae

Environ cinquante espèces du genre *Monstera* poussent à l'état sauvage dans l'Amérique tropicale. Lianes volubiles à longues racines aériennes tombant vers le sol, dans la nature elle grimpent sur les arbres jusqu'à 20 m de haut. L'inflorescence ne se voit que chez les individus plus âgés.

Dans les appartements, on conserve surtout *Monstera deliciosa*. Plante solitaire, convenant aux intérieurs spacieux où elle atteint vite quelques mètres de hauteur. Les jeunes plantes ont des feuilles entières, mais elles se divisent dès la quatrième feuille, devenant profondément lobées. Il faut alors les tuteurer. On peut aussi les mettre dans l'eau.

Le philodendron est relativement peu exigeant et résistant, il supporte bien l'air sec des appartements et même la poussière des ateliers. On le maintient à des températures entre 8 et 30 °C, mais il se porte le mieux autour de 20 °C. Bien éclairé, ses feuilles sont plus grandes et moins divisées.

On rempote chaque année les jeunes plantes, les plus vieilles au plus tard tous les trois ans, en terre riche. Au printemps et en été on ajoute une solution d'engrais complet à 0,2 % aux arrosages, une fois par mois. En hiver on réduit les arrosages car avec la réduction de la lumière ne se forment que de petites feuilles trop tendres.

Le philodendron se multiplie par boutures de sommets avec trois feuilles, on peut aussi couper des bouts de racines de 6 à 8 cm de long, avec un œil, et laisser s'enraciner. On n'ôte pas les racines aériennes.

Monstera deliciosa (1) provient du Mexique. Les feuilles des plantes adultes atteignent 80 cm. La variété horticole 'Borsighiana' a des racines aériennes plus faibles et plus petites, des feuilles moins divisées; les espaces internodaux sont plus longs. Une variété à feuilles panachées de blanc est plus délicate et de croissance plus lente.
L'inflorescence en épi a environ 20 cm (2) ; les fruits cylindriques, de goût agréable, ont servi d'aliment aux populations de son aire d'origine. Le fruit mûr tombe et libère une baie qui contient une graine.
M. obliqua (3) provient du Brésil; plus délicate cette espèce se cultive surtout derrière une fenêtre tropicale entre 18 à 20 °C et à forte humidité de l'air ; les feuilles n'ont que 20 à 30 cm.

3

2
1

Le genre *Nepenthes* englobe environ soixante-quinze espèces, et encore plus d'hybrides. Leur domaine naturel se trouve dans les forêts chaudes et humides en Indonésie, Malaisie, Océanie et à Madagascar. Ces arbustes ont de longues tiges qui s'accrochent par les vrilles des feuilles.

La plupart des espèces d'origine n'ont qu'un intérêt de collection, elles ne se cultivent pas couramment, c'est pourquoi on préfère les variétés dites «Nepenthes hybrides».

Les népenthès poussent le mieux en serre chaude ou en vitrine fermée assurant 20 °C au minimum, en hiver. Il leur faut une forte humidité de l'air et beaucoup de lumière, mais pas de soleil direct. Si on leur assure un bon drainage et une terre perméable, on peut les cultiver avec succès dans un pot de terre. De fréquentes vaporisations leur font du bien, ainsi qu'un apport d'engrais de temps à autre, du printemps à l'été. Ils ne supportent le calcaire ni dans la terre ni dans l'eau.

On rempote tous les printemps dans un compost très léger de tourbe fibreuse, marne, perlite, etc. Bien veiller à ne pas abîmer les délicates racines. Quand la plante a repris, on pince les nouveaux jets à la sixième ou huitième feuille car les plus belles fleurs apparaissent au bas des rameaux. Les parties pincées peuvent servir de boutures. Elles prennent racine à une température optimale de 25 à 30 °C et avec 100 % d'humidité de l'air, piquées en godets enveloppés de tourbe.

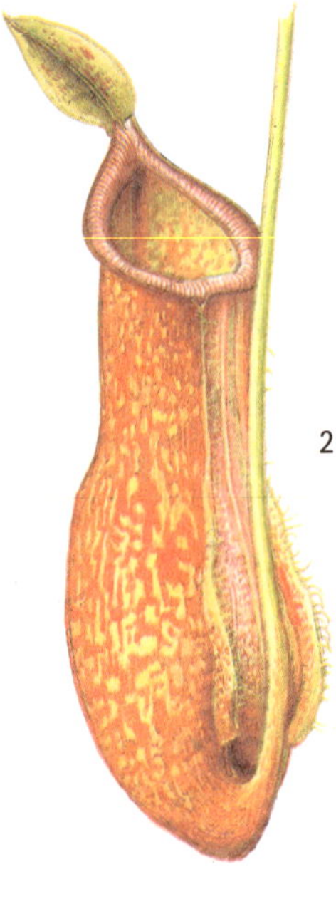

2

Les «*Nepenthes* hybrides» (1) ont le limbe des feuilles prolongé en vrille, elle-même terminée par une petite urne surmontée d'un couvercle qui la ferme et se soulève quand l'urne est mûre. Les bords renflés de l'urne sont munis de glandes sécrétant du nectar, dont la douceur attire les insectes qui, une fois posés, glissent au fond de l'urne remplie aux trois quarts d'un liquide contenant de la pepsine. Essayant de s'échapper,

l'insecte grimpe sur la paroi intérieure de l'urne, excitant ainsi les glandes qui sécrètent encore plus de liquide. L'insecte noyé est alors digéré par la plante.
On cultive surtout des variétés qui n'ont pas reçu de nom, mais qui comportent de belles formes, de belles couleurs, et de longues urnes atteignant souvent jusqu'à 40 cm (2).

1

Vigne vierge
Parthenocissus quinquefolia

Vitacées
Vitaceae

Parthenocissus quinquefolia, appelée *Ampelopsis hederacea* dans les vieilles publications, pousse à l'état sauvage à l'orée des bois clairs à l'est des Etats-Unis. En Europe, elle grimpe à quelque 10 m. On l'y cultive depuis l'année 1620.

La vigne vierge, plante ligneuse exubérante, couvre assez vite un mur ou une clôture assez hauts. On plante dans une terre de jardin bien meuble, assez profonde et pas trop sèche, à laquelle on a ajouté du compost bien décomposé. Cette vigne supporte l'ombre et même la poussière ; exposée sur un mur au sud ou au levant, elle souffre parfois des gelées tardives de printemps.

Il vaut mieux mettre en terre au printemps les plantes à racines fasciculées. On peut planter durant presque toute l'année les plantes à racines ramifiées, pourvu que la terre ne soit pas gelée. On coupe les parties aériennes pour obliger la plante à se ramifier. On donne de l'engrais au moins deux fois par saison. Au début on tuteure les jeunes rameaux, par la suite ils s'accrochent tout seuls. Plus tard, on taille seulement les tiges gênantes, mais la vigne vierge supporte très bien une taille profonde.

La vigne vierge se multiplie par boutures ligneuses qui se coupent au début de l'hiver et s'entreposent en un endroit à l'abri du gel. On ne les plante qu'au printemps, en place, où ces boutures s'enracineront.

Parthenocissus quinquefolia (1) s'accroche à son support par des vrilles. Les jeunes jets sont d'abord rougeâtres, puis deviennent gris foncé. Les feuilles ont environ 10 cm de long. A l'automne elles se colorent d'abord en jaune, puis en rouge vif, enfin en pourpre. Les fleurs sont petites et insignifiantes. Ce sont des panicules (2, 3) qui fleurissent en juillet et août. Après la floraison de petites baies rondes et vertes se forment (2). Les baies mûres sont d'un noir bleuté et givré, de 6 mm ; chacune d'elles contient deux à quatre graines. Elles ont un goût aigre.

P. quinquefolia 'Engelmannii' (4) a des feuilles plus longues et plus étroites que celles du type, au dessous toujours bleuâtre, tournant au brun-rouge à l'automne. Les vrilles pourvues de ventouses lui permettent de s'accrocher même sur du marbre.

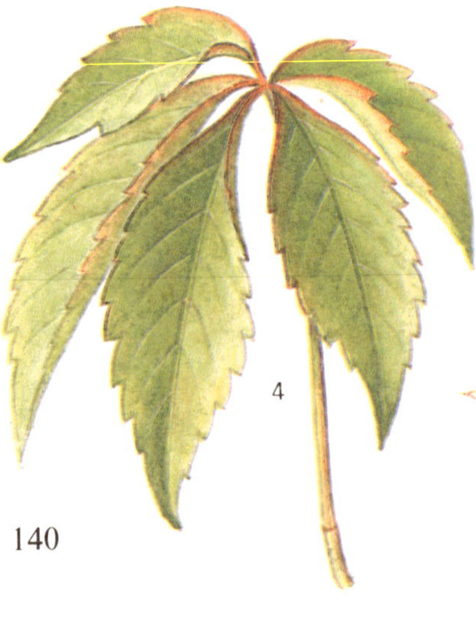

2
1
3

Vigne vierge tricuspide
Parthenocissus tricuspidata

Vitacées
Vitaceae

La vigne vierge tricuspide vient du Japon, de Corée et de Chine centrale. On la cultive volontiers dans les jardins pour couvrir de hauts murs et pignons. Ses tiges courtes et richement ramifiées, pourvues de fortes ventouses, lui permettent de s'accrocher à des surfaces relativement lisses.

Parmi les variétés cultivées depuis plus d'un demi-siècle, *P. tricuspidata* 'Gloire de Boscoop' est très exubérante, à l'automne ses grandes feuilles virent au brun-rouge. *P. tricuspidata* 'Veitchii' encore appelée *Vitis veitchii* a des feuilles plus petites que le type et des rameaux rouge bronzé. Atteint environ 8 m.

La vigne vierge tricuspide et ses variétés sont plus exigeantes en chaleur que *P. quinquefolia,* on la plante donc de préférence en un endroit protégé. Elle gèlera pourtant par grand froid, mais elle reprendra assez vite du pied.

Cette espèce et ses variétés se greffent en février ou mars, sous serre, sur une bouture enracinée de *P. quinquefolia.* On prélève le greffon sur une forte tige d'un an. Il faut aveugler l'œil le plus bas du porte-greffe, pour qu'il ne se développe pas au détriment du greffon. On place les pots sous couche ou sous serre. Plus tard, on plante en plate-bande ou directement en place. Au jardin on peut tenter le marcottage, mais les plants ainsi enracinés poussent moins bien que les plants greffés.

3

Parthenocissus tricuspidata (1) est une liane qui monte à 10 m en s'accrochant d'elle-même. Richement ramifiée, elle fleurit en juin et juillet. Ses petites fleurs insignifiantes ont un parfum agréable. Après la floraison, se forment des baies vertes, grosses comme des petits pois qui, mûres, bleuissent (2).

Les feuilles caduques, trilobées, ont quelque 20 cm de long. A l'automne elles se colorent en jaune clair puis en pourpre violacé, changeant de couleur pour ainsi dire sous nos yeux (3). Même après la chute des feuilles l'aspect du mur reste esthétique, car le réseau de rameaux est très décoratif. Des désagréments surviennent lorsqu'il faut réparer le mur ; il est alors nécessaire d'arracher une à une toutes ces petites tiges collées par leurs ventouses.

2
1

Passiflore bleue — Passifloracées
Passiflora caerulea — *Passifloraceae*

Le genre *Passiflora* réunit plus de quatre cents espèces d'arbustes surtout grimpants, qui poussent en Amérique tropicale et subtropicale. Certaines se cultivent comme plantes utilitaires en Asie, Afrique, Australie et Polynésie. Ce sont des lianes comportant de nombreuses vrilles sortant des tiges, par lesquelles la plante s'attache à un support. Les fleurs bleues, étoilées, évoquent les instruments de la Passion, d'où le nom de Passiflore.

Passiflora caerulea, espèce résistante au froid, peut aussi se cultiver dans l'eau. En appartement, au début on l'attache à un grillage décoratif, un arceau ; par la suite elle s'attachera toute seule à son support par ses vrilles volubiles. Dans le sud de l'Europe, la passiflore passe l'hiver au jardin, si on l'abrite un peu.

La passiflore exige beaucoup de lumière et d'air frais. Dans la pénombre, elle fleurit peu. En été, on peut la mettre sur un balcon, une terrasse ou, placée au jardin, dans son pot.

Lors de la croissance et de la floraison, il faut arroser régulièrement et ajouter de temps à autre une solution à 0,25 % d'engrais complet. En novembre et décembre, on s'en occupe peu. Passe l'hiver en un endroit éclairé, à une température de 8 ou 10 °C, avec des arrosages réduits. Avant le début de la nouvelle montée de sève, on taille court toutes les tiges fortes pour que se forment beaucoup de nouvelles pousses avec des boutons floraux.

2

Comme plante d'appartement, on cultive souvent *Passiflora caerulea* (1), provenant des régions tropicales du sud du Brésil, d'Argentine et du Paraguay. Les feuilles ont jusqu'à 15 cm. De larges boutons (2) sortent successivement, de mai à septembre, des fleurs de 6 à 10 cm, agréablement parfumées et de forme intéressante. Cinq sépales épais disposés en étoile et de la même couleur que la corolle sont concrescents avec les cinq pétales de la corolle disposés en coupelles. Il en sort une fausse corolle formée d'une couronne de longs cils. Au centre se dresse le style qui porte cinq étamines et pistils terminés par trois

1

styles avec des stigmates en forme de massue. Outre l'espèce d'origine, on cultive la variété 'Constance Elliot' dont les fleurs sont plus grandes, et les sépales plus rosés que chez le type d'origine.

Passiflore pourpre Passifloracées
Passiflora edulis *Passifloraceae*

La passiflore pourpre ou grenadille est originaire du Brésil, où elle est cultivée pour ses fruits savoureux, de 8 cm de large, ainsi que dans d'autres régions tropicales et subtropicales d'Amérique du Sud, d'Afrique, d'Australie, d'Asie du Sud-Est et de Polynésie.

En Europe cette passiflore est une plante de serre car elle exige beaucoup de chaleur, de lumière et d'humidité de l'air. Il faut lui assurer ces conditions en hiver, sinon elle perd ses feuilles. En serre elle fleurit rarement, mais ses fleurs produisent un bel effet exotique.

Elle se multiplie assez bien par semis. Il n'est pas nécessaire d'enlever l'arille à la graine, on peut semer directement en bac où la germination se fait en deux à trois semaines par une température de 16 à 26 °C. On repique les semis dans un plus grand pot. Des boutures s'enracinent aussi en mélange de sable et tourbe, par 24 à 26 °C, en trois à quatre semaines. On fait grimper sur fil de fer.

P. incarnata est une espèce résistante au froid, originaire d'Amérique du Nord. Plante vivace atteignant 10 m, dans des conditions favorables. Les fleurs de 4 cm de diamètre sont blanches à reflets rouges, et apparaissent de mai à juillet. On cultive en serrre froide. Peut passer l'hiver dehors, dans les régions de vignes, sous bonne couverture de tourbe, ou de feuilles mortes.

Passiflora edulis (1) a des feuilles de 12 cm de long, des fleurs (2) de 7 cm de diamètre, blanches à dessin rouge, apparaissant surtout de juin à août. Les fruits, de 5 mm, sont d'abord charnus, puis tout ronds, de 7 cm, jaunes ou d'un violet pourpré. Mûrissent en deux à trois mois. Contiennent de nombreuses graines violet foncé enveloppées dans un arille jaune. Le jus aromatique, agréablement aigrelet, peut se sucer directement sur le fruit ou s'obtenir par pression. On fait sécher ce jus, et avec la substance ainsi obtenue on prépare des boissons rafraîchissantes. Autrefois cette substance s'employait beaucoup en Europe pour colorer les bonbons.

Grande passiflore *Passiflora quadrangularis*

Passifloracées *Passifloraceae*

Cette espèce de passiflore provenant des tropiques de l'Amérique du Sud produit des fruits vert-jaune à rougeâtre pouvant peser jusqu'à 2 kg. Sous les tropiques on les consomme comme fruits de table, quoiqu'ils ne soient pas très savoureux. On en fait des jus de fruits, et leurs bulbes servent de nourriture aux indigènes.

On cultive la grande passiflore en serre chaude ou sous fenêtre tropicale fermée à une température d'au moins 20 °C. En janvier et février seulement il lui faut environ six semaines d'une baisse de température à 15 °C pour qu'elle puisse former les embryons de nouvelles fleurs. Supporte très bien d'être taillée court.

S'il faut la transplanter, le meilleur moment est le début du printemps. On coupe les branches en laissant quatre à huit yeux, et on plante dans un mélange de terre humifère mais assez perméable à réaction optimale de 6,0 à 7,5 pH. Cette passiflore a besoin d'un bon soutien pour s'accrocher. Aux toutes jeunes plantes on met un tuteur dans le pot, les plus grandes sont attachées par du fil de fer à toute construction appropriée. Il ne faut pas remettre à plus tard ce travail, car par la suite la plante s'adapterait mal.

On multiplie toutes les espèces de passiflores par bouturages de sommets. On pique trois boutures dans de petits pots placés sous couche à une température de 20 à 22 °C. Enracinement en trois semaines. On peut aussi bouturer des tiges mûres avec deux yeux.

2

Passiflora quadrangularis (1) a des tiges quadrangulaires ailées qui, dans l'aire d'origine, montent jusqu'à plusieurs dizaines de mètres. Les feuilles, largement ovales, à long pétiole, ont à leur aisselle de longues vrilles tournant en spirale. Etant donné sa taille, ne convient qu'à de vastes intérieurs. Les fleurs sont très grandes, atteignant 12 cm de diamètre, et de couleurs extraordinairement variées (2). Elles dégagent un fort parfum épicé. Malheureusement peu résistantes, elles se fanent dès qu'on les coupe. Même un bouton bien développé ne s'épanouira pas une fois coupé, c'est pourquoi cette merveilleuse fleur ne peut s'utiliser pour la décoration intérieure.

1

Passiflore Passifloracées
Passiflora suberosa *Passifloraceae*

A partir de la riche gamme de passiflores, on peut tenter la culture de quelques espèces vivaces ou annuelles moins connues.

Passiflora alata, provient du Brésil et du Pérou. Espèce vivace, exubérante. Donne des fruits tropicaux appréciés. Grandes fleurs de 8 à 10 cm, rouge carminé, parfumées, aux sépales blancs veinés de rouge. Fleurit d'avril à août. En Europe, se cultive en serre chaude.

P. bryonioides, espèce annuelle à feuilles trilobées, d'un vert cru, de 8 cm de large. De juillet à septembre se couvre de nombreuses fleurs de 3 cm de large, blanches avec une raie rouge. Après la floraison se forment des baies rondes, de 2 cm de diamètre, contenant les graines. On sème en février dans un mélange de sable et tourbe, On repique le plus tôt possible les semis, puis on plante en pot, par deux ou trois plants.

P. racemosa, espèce vivace du Brésil, aime la chaleur. Feuilles trilobées, de 14 cm de large. De mai à septembre fleurit en grappes successives de 8 à 12 cm de large, fleurs d'un rouge pourpré aux pétales retroussés, et sépales d'un blanc bleuâtre.

P. trifasciata, espèce vivace péruvienne, convenant à un endroit chaud et clair. Feuilles trilobées, forme ovale allongé, à reflet rouge-brun et dessin gris argent lc long de la nervure principale, dessous des feuilles pourpre. En juillet et août, se couvre de petites fleurs odorantes, jaunâtres.

2

Passiflora suberosa (1) provenant des régions tropicales d'Amérique du Sud, est une plante vivace convenant à une serre chaude. Feuilles surtout trilobées. Très nombreuses petites fleurs verdâtres, de 1,5 cm de large (2). Fleurit surtout en août et septembre. Après la floraison se forment des baies d'environ 1 cm de diamètre, d'abord vertes puis bleu-noir (3). Toutes ces espèces exigent un endroit clair et aéré. Les espèces vivaces passent l'hiver à une température de 15 °C et avec des arrosages réduits. Comme elles produisent des feuilles en grande quantité, au moment de la pleine croissance il faut leur donner une solution très diluée d'engrais composé.

1

3

Au printemps, avant la nouvelle montée
de sève, on taille court, créant les
conditions de la naissance de nombreux
jets de l'année riches en boutons floraux.

Géranium-lierre
Pelargonium peltatum

Géraniacées
Geraniaceae

Le genre *Pelargonium* comporte environ deux cent quarante espèces provenant toutes d'Afrique du Sud. Ce sont des arbustes richement ramifiés à fleurs quintuples. Fleurissent surtout de juin à octobre.

Pelargonium peltatum a été importé en Europe dès 1701. A été croisé avec d'autres espèces, fournissant de nombreuses variétés très belles. Ces plantes aiment la lumière, supportent bien le soleil direct. Elles apprécient une terre riche, mélangée de bon compost, tourbe et sable, dont la réaction optimale est de 6,0 à 6,5 pH.

A l'extérieur, on les plante vers la deuxième moitié de mai. Pendant la végétation on arrose substantiellement et régulièrement : dès qu'elles sont bien enracinées on donne aux plantes une solution d'engrais complet à 0,3 %, une fois par semaine. Enlever à temps les fleurs fanées et feuilles jaunies.

Pour passer l'hiver les pélargoniums nécessitent beaucoup de lumière, d'air frais, et une température de 6 à 8 °C au mieux. On réduit les arrosages pour que les racines ne se dessèchent pas, mais il faut éviter que les plantes ne reprennent trop tôt. A la fin de l'hiver on transplante en terre riche, on ôte les rameaux faibles et malades, et on reprend les arrosages.

On multiplie par boutures de sommets, en août de préférence ou en janvier. On laisse sécher les boutures pendant quelques heures puis on pique en petits pots remplis de terre sableuse, où elles prennent racine, à environ 20 °C en trois semaines si l'air est humide.

1

Les hybrides de *Pelargonium peltatum* sont de multiples croisements de *P. peltatum* × *P. lateripes* et autres espèces provenant des régions côtières du sud-est de l'Afrique. Les plantes de plusieurs années ont des branches de 75 cm richement ramifiées et retombantes. On aime à en garnir les bacs sur les balcons, surtout les balcons couverts et loggias où ils ne souffrent pas de la pluie. On cultive souvent les variétés à fleurs roses, moins souvent les rouges ou violettes. Citons parmi les variétés éprouvées : 'Berliner Balkon' rose frais ; 'Amethyst' fleur simple, couleur lilas (1); 'Lachskönigin' fleur double, couleur rose saumon ; 'Morgenlicht' rouge rosé (2) ; 'Mrs. Banks' blanche, simple ; 'Pilatus ' fleur double violet pourpré et 'Ville de Paris', rose clair (3).

2

3

Pépéromia rampant Pipéracées
Peperomia serpens *Piperaceae*

Le genre *Peperomia* est très étendu, on y range plus de six cents espèces, poussant surtout dans les forêts tropicales pluvieuses d'Amérique du Sud. Plantes vivaces, sempervirens, rampantes ou arbustes grimpants, vivant souvent en épiphytes dans la nature.

Peperomia serpens désigné comme *P. scandens* dans les anciens livres provient du Pérou. Convenant bien aux intérieurs chauffés, se plaît bien dans les appartements à air sec. Trop d'humidité est dangereuse pour lui. Ces qualités l'indiquent pour la garniture de pots en suspension, il sera d'un bel effet en épiphyte sur un tronc ou une branche, comme plantation drue du fond d'une fenêtre tropicale ou d'une vitrine, ou comme plante suspendue dans un récipient mural.

Aux espèces de pépéromias-lianes, la température qui convient le mieux est autour de 20 °C, dans un endroit un peu ombragé. En hiver il ne faut pas descendre en dessous de 18 °C. En été, arrosages réguliers. Les variétés à feuilles panachées exigent plus de lumière, elles perdent ce panachage par excès d'engrais azoté.

Le pépéromia se multiplie assez facilement par bouturage de sommets, avec trois à quatre feuilles, au mieux au début du printemps ou à la fin de l'été. L'enracinement se fera en deux ou trois semaines si le fond est chauffé entre 22 et 25 °C, la terre moyennement humide et ombragée.

Peperomia serpens (1) a des feuilles charnues, de 4 à 5 cm, de forme asymétrique, légèrement recourbées en forme de faucille. Le type a des feuilles vert olive. L'inflorescence allongée en fuseau ouvre ses petites fleurs blanches, crémeuses, en été. On préfère en général les variétés panachées de blanc, par exemple *P. serpens* 'Variegata' (2). *P. serpens* et les variétés à feuilles panachées souffrent assez souvent d'une chute des feuilles , dont la cause est l'assèchement des racines. Il faut alors couper les tiges au-dessus du deuxième ou troisième bourgeon, rempoter dans un terreau frais et riche, placer en un endroit plus lumineux, arroser régulièrement et donner de l'engrais.

1

Pétunia hybride — Solanacées

Petunia × hybrida — *Solanaceae*

Le pétunia est une plante annuelle qui pousse à l'état sauvage en vingt-cinq espèces, en Amérique du Sud. *Petunia× hybrida* comprend toutes les variétés cultivées par croisement de *P. axillaris* × *P. violacea.* En un siècle et demi ont été sélectionnées beaucoup de variétés qui se distinguent par la croissance, la couleur et autres caractères. Pour simplifier l'orientation dans un tel assortiment, on a rangé les variétés en groupes. Le plus intéressant est le groupe 'Pendula' aux variétés retombantes, richement fleuries, à tiges atteignant 60 cm. Les fleurs de 7 cm de diamètre ont un bord lisse. Elles résistent assez bien à la pluie et aux fortes chaleurs, mais comme toutes les autres variétés de ce groupe, celle-ci ne supporte pas la gelée.

On ne plante dehors qu'au milieu du mois de mai, quand les fleurs apparaissent. Il faut beaucoup de soleil et un arrosage abondant, avec une fois par semaine une solution d'engrais complet. On enlève régulièrement les fleurs fanées, sinon les graines se forment et la plante cesse de fleurir.

On sème en février, sous verre, en mélange de terreau et sable. Il y a environ 7000 graines dans 1 g. Germination en dix à quatorze jours. On pique en petit pot dès la deuxième feuille, on laisse sous châssis ou en serre jusqu'au moment de la plantation à l'extérieur.

4 3 2

1

Les variétés retombantes de pétunias peuvent orner les bacs dès la première moitié de mai jusqu'aux premières gelées d'automne. Le bac doit être assez large et profond pour que les racines aient assez de place. Les plantes se développent seules, de façon naturelle. D'abord elles poussent tout droit, puis leurs longues tiges couvertes de fleurs en entonnoir retombent vers le bas. On a sélectionné de nombreuses variétés à fleurs rouges, bleues, roses, saumon et blanches. On voit même certaines nouveautés à fleurs jaunes. Citons parmi les variétés qui ont fait leurs preuves : 'Magentarot' rouge carmin (1), 'Lavina' blanc pur (2), 'Feuerschein' rouge feu (3), 'Violacea' bleu-violet (4), etc.

Haricot ornemental
Phaseolus coccineus

Légumineuses
Leguminosae

Le genre *Phaseolus* rassemble environ deux cents espèces provenant surtout d'Amérique tropicale et du sud de l'Asie et dont certaines se cultivent comme légumes.

Le haricot ornemental, annuel, convient pour orner des clôtures, écrans, espaliers. On le sème au pied d'un montant de pergola ou autre construction, au jardin. Il convient aussi pour verdir un mur de balcon, de loggia.

La terre qui lui convient doit être profonde, perméable et riche : l'emplacement sera chaud et ensoleillé.

Comme soutien on lui offre un tuteur, un fil tendu, une ficelle, voire un grillage pour qu'il y grimpe. Le haricot a un développement très rapide et forme vite une épaisse muraille de verdure. Malheureusement il perd vite son charme après la floraison. Il faut y penser quand on en plante en bacs sur les balcons. On sème graduellement, pour pouvoir enlever les plantes fanées et laisser la place aux nouvelles.

On sème en poquets, directement en place, dès le début du mois de mai, par trois haricots dans le trou. Il y en a environ 1000 dans un kg. Le haricot germe au bout de neuf jours. On peut hâter la germination en plantant en pot, sous verre. Il faut arroser abondamment au moment de la forte croissance et de la floraison. Inutile de mettre de l'engrais, le temps de végétation étant très court.

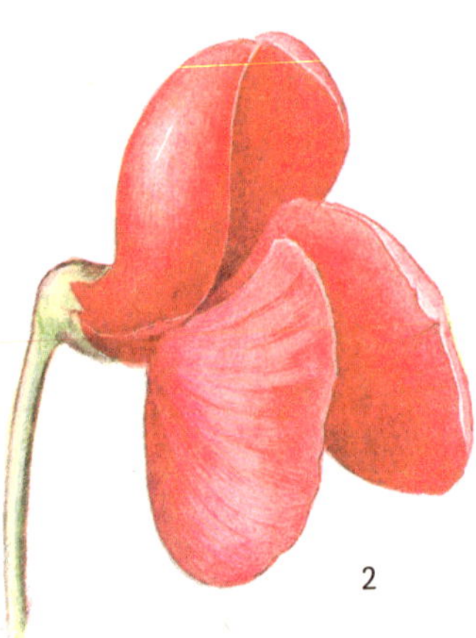

2

Phaseolus coccineus, plante annuelle ornementale, est une espèce grimpante mexicaine, lévogyre, à tiges de 4 m. L'espèce d'origine ne se cultive pas, elle est remplacée par certaines espèces à fleurs rouges, blanches ou bicolores. Les plus décoratives sont les variétés à fleurs rouge et blanc, par exemple *P. coccineus* 'Bicolor' (1). On cultive moins les variétés qui ont des fleurs d'une seule couleur comme par exemple 'Scharlachrote Riesen' à fleurs écarlates (2) ou 'Albiflora' à fleurs d'un blanc crémeux. Les jeunes gousses (3) sont aromatiques et, bien préparées, peuvent se consommer comme légume. Les grains du haricot ornemental ont des teintes diverses, qui sont la marque des différentes variétés. Par exemple *P. coccineus* 'Bicolor' a des grains bariolés (4).

1
3
4

Philodendron

Philodendron scandens

Aracées
Araceae

Le genre *Philodendron* réunit environ deux cent espèces de lianes des forêts pluvieuses d'Amérique tropicale. Certaines espèces sont plutôt des arbustes, mais la plupart sont grimpantes. Sur les tiges se forment des racines aériennes qui servent à s'accrocher à un support et à absorber l'humidité de l'air. Par blessure, un suc laiteux s'en écoule. Les spadices allongés de fleurs mâles et femelles sont protégés par une spathe blanche, jaune ou rouge, atteignant 30 cm chez certaines espèces.

Philodendron scandens est l'une de ces lianes d'appartement qui, par leur peu d'exigences, conviennent au débutant. On les attache à un mur, une *claustra,* ou on les cultive en épiphytes sur un tronc. On les utilise aussi assez souvent, dans un but temporaire, pour garnir des coupes de plantes offertes en cadeau.

P. erubescens provient de Colombie. Espèce grimpante, exubérante, à feuilles de 35 cm. Supporte assez bien de grandes oscillations de température. La variété 'Burgundy' est plus compacte et la coloration des feuilles est d'un rouge plus intense.

P. melanochrysum provient aussi de Colombie. Le limbe des jeunes plantes a environ 10 cm, celui des vieilles atteint 80 cm. C'est le plus exigeant des philodendrons grimpants, il convient à une fenêtre fermée.

Philodendron scandens (1), souvent encore indiqué comme *P. oxycardium*, croît partout en Amérique centrale et du Sud. C'est l'espèce la plus souvent cultivée en appartement, mais seulement sous sa forme jeune où les feuilles ont des limbes de 8 à 15 cm de long (2). En hiver, il lui faut une température de 18 à 22 °C et une humidité de l'air suffisante. En été, il faut le protéger des rayons directs du soleil. Les philodendrons grimpants sont souvent cultivés de façon à ce que leurs longues tiges s'enroulent autour d'un tuteur enveloppé de tourbe mousseuse. Les racines aériennes entrent dans la mousse pour y puiser l'humidité. Les philodendrons peuvent aussi se cultiver dans l'eau.

Philodendron Aracées
Philodendron squamiferum *Araceae*

Philodendron squamiferum appartient au groupe des espèces grimpantes à feuilles lobées. Croît spontanément dans les terres humifères des forêts pluvieuses tropicales à l'est de l'Amérique du Sud. Le limbe des feuilles a 50 cm de long sur 35 cm de large. Cette espèce exige beaucoup de chaleur et d'humidité de l'air, il lui faut une fenêtre florale fermée ou une vitrine. Elle préfère une lumière tamisée aux rayons directs du soleil. Au moment de la végétation active, il faut prévoir d'abondants arrosages, sinon les feuilles seront toutes petites. D'avril à août, on donne une fois par semaine une solution à 0,2 % d'engrais complet. En hiver on arrose seulement pour que les racines ne se dessèchent pas, mais pas assez pour qu'il y ait formation de nouvelles feuilles qui seraient plus petites et plus fragiles qu'en été.

Toutes les espèces de philodendrons se transplantent selon les besoins, mais de préférence au début du printemps. On utilise du terreau à réaction optimale de 5,5 à 6,5 pH, composé de tourbe, terreau de feuilles, sable, auxquels il sera bon d'ajouter des bribes de polystyrène et des morceaux de molitane.

On multiplie par boutures de sommets, avec trois feuilles bien développées et au moins une racine aérienne. On pique une bouture dans un pot rempli d'un mélange de tourbe et sable. L'enracinement prend de quatre à huit semaines, par 22 à 25 °C ; il se fait aussi dans un verre d'eau pure.

Philodendron squamiferum (1) est une espèce exubérante à racines rampantes aisément ligneuses. Les pétioles jeunes sont couverts de poils rouges de 10 mm qui verdissent par la suite. Chez les plantes relativement jeunes apparaissent, au printemps ou en été, des inflorescences pourpres.

2

P. laciniatum (2), parfois encore appelé *P. amazonicum,* provient de la frontière entre le Brésil et le Venezuela. Sa tige à courtes racines aériennes pousse lentement. En hiver la température ne doit pas descendre au-dessous de 15 °C. Comme les autres espèces de philodendrons, il lui faut une assez forte humidité de l'air ; il se trouve donc bien derrière une fenêtre florale fermée. En été, vaporiser ses feuilles lui fait du bien. N'a pas de période de calme végétatif bien marquée.

Pilée, ou **Pilea** — Urticacées
Pilea microphylla — *Urticaceae*

Près de deux cents espèces du genre *Pilea* sont sauvages, surtout dans les régions tropicales du sud de l'Asie et d'Amérique : pour la plupart, plantes vivaces et souvent rampantes.

Pilea microphylla, dite *P. muscosa* dans les anciennes publications, est sauvage dans les Andes sud-américaines, mais a été importée dans les Balkans où elle s'est acclimatée. En appartement on la cultive comme plante vivace supportant assez bien l'ombre. En été, on peut la placer en un endroit semi-ombragé au jardin. On la retient surtout pour les pots suspendus et comme couverture de sol pour les grands bacs ou vitrines.

P. nummulariifolia, espèce sud-américaine qui mériterait d'être plus répandue. Les tiges rampantes de cette plante peu exigeante s'enracinent dès qu'elles touchent le sol. Dans les pots suspendus, elles cachent les bords du récipient. Convient aussi pour les pots accrochés à un mur.

Ces deux espèces, peu exigeantes, supportent bien les grandes variations de température, de 6 à 25 °C. La mi-ombre leur convient le mieux, au soleil leurs feuilles jaunissent. En hiver, on réduit chaleur et arrosages. Les boutures de sommets s'enracinent facilement même dans l'eau claire. Les jeunes plants sont mis en terre légère, dans de petits pots ou plats peu profonds. Pour qu'elles se ramifient bien, on les pince dès le début.

2

Pilea microphylla (1) est une plante vivace rampante formant assez vite un épais tapis vert clair. Ses tiges richement ramifiées, couvertes de nombreuses feuilles sessiles, charnues, d'environ 5 mm de long, rappellent un peu certaines espèces de fougères. Puisqu'elle reste basse, on l'utilise pour garnir l'étage inférieur d'une construction florale. Ses petites fleurs blanches n'ont pas grand caractère, elles apparaissent surtout de mai à septembre (2).

1

3

P. nummulariifolia (3) est aussi une plante rampante toujours verte, avec une grande quantité de tiges longues et frêles, à feuilles rondes de 2 à 3 cm, couvertes de fins poils sur les deux faces, qui ressemblent aux feuilles du lierre terrestre *(Glechoma hederacea)*.

Poivrier noir *Piper nigrum*

Pipéracées
Piperaceae

Près de sept cents espèces de poivriers poussent dans les régions tropicales d'Asie, d'Amérique et des îles du Pacifique. Ce sont des plantes ligneuses aimant la chaleur et une forte humidité de l'air, surtout les formes à feuilles bariolées.

Le poivrier noir se cultive comme plante utilitaire dans les régions tropicales à climat assez chaud et humide. En appartement il est cultivé depuis longtemps, mais assez rarement. On l'utilise comme plante grimpante pour orner les *claustra* ou en épiphyte sur un tronc, ou encore comme plante retombante en pot accroché au mur, éventuellement pour couvrir le sol d'une vaste fenêtre tropicale. On le met aussi, avec d'autres plantes, dans des vasques suspendues.

Le poivrier noir n'est pas exigeant : en appartement, il réussit le mieux sous haute température et avec une humidité de l'air suffisante. En hiver il lui faut 16 à 18 °C et des arrosages réguliers, mais il ne supporte pas que sa motte de racines soit toujours trop mouillée. Il faut donc retirer la soucoupe sous le pot, une demi-heure après l'arrosage, pour évacuer le surplus d'eau. Les jours chauds, on vaporisera ses feuilles. Du printemps à l'été, une fois par semaine, on donne un engrais composé en solution à 0,2 %. Au printemps on rempote en un mélange de terreau de feuilles, compost, tourbe et sable. Souvent la base des tiges se dénude, il est donc bon de raccourcir une fois par an certaines tiges pour les renouveler.

Piper nigrum (1) provient probablement du sud-est de l'Inde, mais il est cultivé comme plante utilitaire dans toute l'Asie tropicale. Les tiges, ligneuses vers le bas, atteignent 7 m, à leur aisselle sortent de nombreuses racines aériennes qui

2

1

prennent facilement en terre. Les feuilles un peu coriaces, sempervirens, un peu plus claires en dessous, ont environ 8 cm de long. L'épi floral (2), de 10 cm, se compose de minuscules fleurs sessiles sans périanthe. Les fruits sont des baies de la grosseur d'un pois, à mince péricarpe charnu, d'abord vert puis d'un rouge jaunâtre. Comme épice on utilise surtout le poivre noir, dont les baies pas encore mûres, sont brun-noir. Le poivre blanc provient des baies mûres, décortiquées et séchées au soleil ou en séchoir. De telles graines ne sont évidemment pas bonnes à semer, on ne multiplie le poivrier que par bouture.

Poivrier ornemental — Pipéracées
Piper ornatum — *Piperaceae*

Piper ornatum est une plante vivace assez exigeante, mais ses feuilles sont très décoratives. Elle se plaît le mieux derrière une fenêtre tropicale fermée, et avec une forte humidité de l'air.

P. porphyrophyllum est une liane de Malaisie. Ses feuilles, toujours vertes, ont dans leur jeunesse des taches roses qui deviennent brun-olive tachetées de rose, au dessous rougeâtre.

Ces deux espèces proviennent des forêts humides tropicales, elles exigent donc chaleur, humidité de l'air, et pénombre. Elles ne nécessitent pas un temps de calme végétatif marqué. En hiver, la luminosité étant moins forte, elles supportent une baisse de température jusqu'à 18 °C, à condition que soient réduits les arrosages. La motte de racines trop inondée par baisse de température conduit à la perte de la plante. Ces deux espèces apprécient une terre riche : au moment de la végétation active, on donne donc une fois par semaine une solution à 0,2 % d'engrais complet.

On multiplie les poivriers par boutures de sommets ou de tiges avec deux yeux, de préférence en février et mars. On pique trois à cinq boutures dans un pot de 6 à 8 cm de diamètre, il faut pour l'enracinement une température de 22 à 25 °C au fond, de fréquentes vaporisations et le placement sous verre ou plastique. On pince très tôt les boutures enracinées, pour qu'elles se ramifient bien. On rempote dans un plus grand pot selon les besoins.

2

3

1

Piper ornatum (1, 2) est une liane sempervirens dont la patrie se trouve dans les Célèbes. Elle forme de longues tiges de quelques mètres, grêles, grimpantes ou retombantes ; le limbe des feuilles est d'environ 14 cm, d'abord tachetées de rose, ensuite de blanc. Sous nos climats européens, cette liane fleurit rarement, mais la beauté de ses feuilles mérite que l'on en tente la culture.
P. sylvaticum provient du Vietnam (3). Ses fortes tiges grimpantes portent des feuilles de 20 cm de long sur 12 cm de large, tachetées d'abord de rose puis de blanc-gris. Ayant les mêmes exigences quant au milieu, mode de culture et utilisation que *P. ornatum*, cette espèce se cultive moins souvent.

Plombago, ou **Dentelaire** — Plombaginacées
Plumbago auriculata — *Plumbaginaceae*

Dans les régions tropicales et subtropicales d'Asie et d'Afrique, on connaît une dizaine d'espèces différentes du genre *Plumbago.*

Plumbago auriculata, souvent connu sous le nom de *P. capensis,* se cultive surtout comme plante en pot. Passe l'hiver dans un endroit frais mais bien éclairé, température optimale 4 à 8 °C. Dès la fin du mois de mai on peut le placer dehors, mais en automne il faut rentrer la plante à temps. Une situation bien abritée avec assez de lumière lui convient, mais autant que possible la motte des racines doit rester à l'ombre.

Comme plante grimpante, le plombago se cultive le plus souvent en serre froide, attaché à des lattes ou fils tendus. Une forme arborescente à cime assez pauvre peut s'obtenir à partir d'une des tiges que l'on dénude vers le bas.

Pendant la période de végétation active, il faut prévoir d'abondants arrosages et des apports d'engrais. Pendant l'hiver on arrose juste pour que la terre ne se dessèche pas complètement. Fin février on coupe les tiges à moitié, on place au chaud et on laisse bourgeonner. On peut aussi rempoter dans un mélange de compost, tourbe et sable.

On multiplie en mai, par boutures herbacées, en août ou en septembre par boutures à moitié ligneuses. L'enracinement se fait sous plastique, à une température de 16 à 18 °C. Les plantes obtenues par semis fleurissent un an plus tard.

Plumbago auriculata (1) est un arbuste grimpant d'origine sud-africaine, dont les feuilles pendantes atteignent 5 cm. Ses longues tiges grimpantes ou retombantes restent couvertes durant presque toute l'année de nombreuses fleurs groupées en inflorescences hémisphériques. Chaque fleur (2) est un mince petit tube qui s'élargit en coupe. L'espèce a des fleurs d'un bleu clair ; la variété *P. auriculata* 'Alba', des fleurs d'un blanc pur. Dans les régions viticoles d'Europe, la plante peut passer l'hiver au jardin, sous bonne couverture. En Europe du sud, surtout au bord de la Méditerranée, *P. auriculata* s'utilise pour former des haies vives, garnir de hauts murs ou un portail.

2

1

Pothos Aracées
Rhaphidophora aurea *Araceae*

Dans le genre *Rhaphidophora* sont classées près de soixante espèces provenant surtout des forêts tropicales d'Asie, où leurs tiges grimpent souvent jusqu'au sommet des arbres.

Rhaphidophora aurea a souvent été classé dans l'un ou l'autre genre, au cours des dernières décennies, si bien qu'il est connu sous plusieurs synonymes, dont les plus courants sont *Scindapsus aureus* et *Pothos aureus,* mais le dernier en date est *Epipremnum aureum.* C'est une plante d'apartement souvent cultivée, malheureusement ses feuilles ne supportent pas le soleil direct non plus que trop d'ombre. Si les formes panachées manquent de lumière, les feuilles verdissent.

Au moment de la végétation active, il faut régulièrement arroser et donner de l'engrais. On rempote, selon les besoins, en un mélange de fumier, terreau de feuilles, tourbe et sable, la réaction optimale de la terre étant 5,5 à 6,5 pH. Les *Rhaphidophora* se plaisent le mieux en un endroit chaud et assez humide où la température ne descend pas au-de sous de 18 °C.

On multiplie par boutures de sommets avec trois à quatre feuilles, et ce en n'importe quelle saison. On pique les boutures dans une vasque peu profonde ou un pot rempli d'un mélange de tourbe et sable, toujours par plusieurs exemplaires afin que le récipient soit vite garni. S'enracine le mieux sous verre ou plastique, à une température d'environ 25 °C.

Rhaphidophora aurea (1) provient des îles Salomon. Dans de bonnes conditions, forme des tiges pas trop ramifiées, avec des racines aériennes assez fortes. Les feuilles irrégulièrement cordiformes sont plus ou moins tachetées de jaune d'or (2- revers de feuille). Jeunes, ces feuilles assez faibles ont 10 cm de long et 7 cm de large ; à l'état adulte elles peuvent avoir

60 cm de long sur 40 cm de large. *R. aurea* 'Marble Queen' ou 'Erich Gedalinus' est une variété blanche, un peu plus délicate et moins exubérante que l'espèce d'origine. En milieu favorable *Rhaphidophora* peut couvrir un mur entier. Les plantes plus petites se cultivent en épiphytes sur un tronc (3). On les met en pot ; on les attache à un tuteur couvert de mousse. Elles poussent bien aussi dans un récipient rempli d'eau.

3

1

2

Rosier grimpant | Rosacées
Rosa | *Rosaceae*

Les rosiers grimpants, avec leurs longues tiges couvertes de fleurs aux splendides couleurs, sont des arbustes très appréciés dans les parcs et jardins où ils ornent clôtures, pergolas, treillages, etc. Un arceau fleuri, surmontant une porte de jardin, est toujours du plus bel effet. Sur une surface lisse, il faut évidemment l'accrocher. Selon la vigueur de la variété choisie on ménagera une distance de 1 à 3 m entre les plants. Un rosier grimpant peut toutefois pousser librement, sans support, par exemple dans un gazon, où des branches retomberont en arcs.

Tout comme les autres espèces et variétés de rosiers, le rosier grimpant doit avoir une bonne terre et être exposé au soleil. Il lui faut assez d'humidité dans le sol, et de nourriture. La réaction optimale pour la terre est de 6 à 7 pH. Placé à l'ombre le rosier fleurit peu et son bois se forme mal.

Avant de planter, il faut bêcher au moins à 40 cm de profondeur, et épandre un bon compost bien décomposé, car le rosier vivra là de quinze à vingt ans. Le meilleur moment pour planter va du milieu d'octobre à fin novembre. On plante de telle façon que la greffe se trouve placée à 3 cm sous la surface du sol, et on arrose abondamment.

Le rosier grimpant fleurit sur le bois de l'année précédente ou plus ancien, il ne faut donc pas tailler les jeunes pousses. On taille seulement les tiges trop vieilles ou trop faibles. On ne donne de l'engrais à un rosier nouvellement planté que lorsqu'il a bien repris.

Dans les jardins on plante surtout des variétés de rosiers grimpants qui fleurissent beaucoup et se distinguent les uns des autres par la vigueur, forme, couleur, etc. D'après leur espèce d'origine, on range les variétés en quelques groupes : dans les *«Wichuriana»* hybrides on range la variété 'Coral Dawn' aux fleurs rose corail parfumées (1), dans les *«Kordesia»* hybrides, l'Ilse Krohn Superior' (2) d'un blanc pur, 'Leverkusen' jaune citron (3) et 'Morgengruss' (4) de couleur orange. On greffe les variétés de roses sur le porte-greffe *Rosa canina*. Les plants obtenus par bouturage ont un système de racines insuffisant et gèlent lors des hivers rudes.

Ronce Henry Rosacées
Rubus henryi *Rosaceae*

On connaît environ quatre cents espèces de ronces, qui poussent surtout dans la zone tempérée de l'hémisphère nord.

La ronce Henry provient de Chine centrale. Sous une forme buissonnante relativement cultivée, préférant la mi-ombre et un terrain assez humide, cette ronce veut une situation chaude, bien protégée, et une couverture de ramilles pour l'hiver. Par grands froids les rameaux gèlent, mais au printemps la plante repousse du pied. Dans les conditions climatiques des régions viticoles d'Europe, on peut la planter sur un mur, en faire un écean de verdure, sur un talus, pour le cacher et le renfocer.

Comme la plupart des plantes ligneuses sempervirens, on plante cette ronce avec sa motte de racines, de préférence au printemps. On arrose régulièrement, même l'hiver quand il ne gèle pas. On attache les longues tiges, si nécessaire. La floraison se faisant sur le bois de l'année précédente, on évite de tailler, sauf pour rajeunir de temps à autre.

La ronce Henry se multiplie par semis, tout de suite après la récolte des fruits ou la stratification, en mars. On peut aussi multiplier par boutures de sommets, coupées en août. On laisse prendre racine sous verre, puis passer l'hiver en serre ; on plante en place, au jardin, au printemps suivant. Si la plante est vigoureuse, on peut aussi la multiplier par fragments de racines.

2

Rubus henryi (1) a des tiges épineuses, rampantes ou un peu grimpantes, atteignant 6 m, à feuilles vivaces profondément lobées, de 10 à 15 cm. Les grappes de fleurs rouge clair de 2 cm de diamètre apparaissent au début de l'été, puis font place aux fruits, agglomérations de nombreuses petites drupes rouge noirâtre sur un alvéole spongieux.
R. reflexus, du sud-est de la Chine, est un buisson toujours vert cultivé ici et là comme plante grimpante d'appartement. Les tiges raides sont couvertes de fins poils roux, drus, avec de rares épines. Les feuilles vert foncé ont un bord argenté (2). *R. reflexus* exige beaucoup de chaleur, un air humide et l'ombrage : en hiver des arrosages réduits et une température de 18 °C.

1

Saxifrage sarmenteuse Saxifragacées
Saxifraga stolonifera *Saxifragaceae*

On range dans le genre *Saxifraga* plus de trois cents espèces, surtout de plantes de haute montagne de l'hémisphère nord. Une petite quantité d'espèces proviennent des Andes sud-américaines.

Saxifraga stolonifera, plus connue comme *S. sarmentosa* est répandue sur les versants rocheux un peu ombragés en Chine et au Japon. En Europe, on la cultive en pot depuis 1815, surtout dans les pots accrochés aux murs ou suspendus, dans les intérieurs assez frais, de façon à mettre en valeur les stolons d'un demi-mètre. On peut aussi cultiver cette plante dans l'eau, le mieux pour cela est d'utiliser les jeunes plants qui se sont créés sur une plante-mère cultivée en solution nutritive.

Les saxifrages, peu exigeantes, conviennent pour les appartements peu chauffés. En hiver, 10 °C leur conviennent, mais mieux vaut 15 à 18 °C pour les formes bariolées. Un endroit un peu ombragé leur est profitable.

On arrose modérément au moment de la végétation active, et en hiver la motte de racines ne doit pas se dessécher. De mars à juillet, on donne toutes les trois semaines une solution d'engrais composé à 0,1 %. On rempote tous les deux ou trois ans dans un pot légèrement plus grand.

S. stolonifera se multiplie en prenant les jeunes plants qui poussent sur les stolons, en toute saison. Souvent ces jeunes plants s'enracinent déjà sur la plante-mère, s'ils touchent la terre.

Des rosettes de feuilles plates de *Saxifraga stolonifera* jaillissent de longs stolons atteignant 50 cm, filiformes, retombants, sur lesquels apparaissent de petites rosettes de jeunes plantes. L'espèce d'origine a des feuilles vertes veinées de blanc. *S. stolonifera* 'Tricolor' (1) aux feuilles bariolées et plus petites,

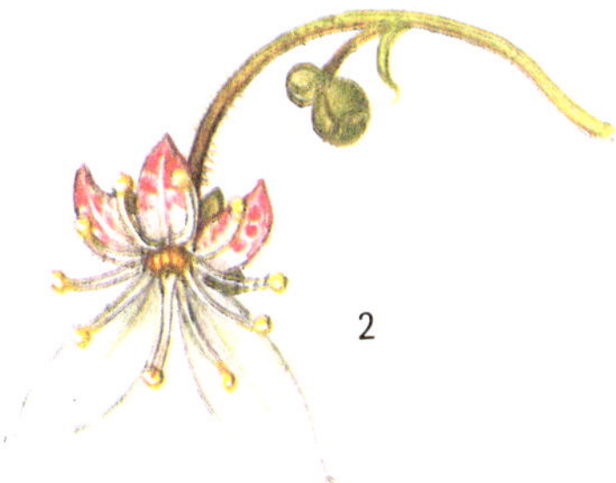

2

exige plus de chaleur. L'inflorescence remarquable apparaît en juin et juillet. La panicule, de 30 cm environ, est composée de petites fleurs de 2 cm de diamètre (2). Certes, il est rare que ces plantes fleurissent en appartement, mais les belles couleurs des feuilles méritent largement le petit effort que réclame leur culture.

1

Scindapsus, ou **Pothos** — Aracées
Scindapsus pictus — *Araceae*

Le genre *Scindapsus* englobe une vingtaine d'espèces indigènes dans les forêts pluvieuses de l'Inde, de la Malaisie et dc la Nouvelle-Guinée : plantes grimpantes ou retombantes qui se maintiennent par leurs racines aériennes.

Scindapsus pictus provient de Malaisie, il se plaît donc bien derrière une fenêtre fermée ou une vitrine soit en épiphyte, soit dans un pot suspendu, ou grimpant le long d'une paroi. On peut aussi l'utiliser comme couverture de sol.

C'est une plante d'appartement assez exigeante à laquelle il faut assurer une température de 20 à 25 °C et une humidité de l'air suffisante. Même en hiver la température ne doit pas descendre au-dessous de 15 °C. Un endroit ombragé ou la pénombre lui conviennent.

Il faut prévoir des arrosages réguliers, en fonction de la saison. Au moment de la végétation active, une plante bien enracinée recevra une fois par semaine une solution à 0,1 % d'engrais composé.

Le *Scindapsus pictus* peut se multiplier végétativement en n'importe quelle saison, mais le mieux est le bouturage de printemps : on pique en couche des boutures avec deux à trois feuilles bien développées, en assurant une température du sol autour de 22 °C. La terre doit être humifère mais assez perméable, la réaction optimale étant de 5,5 à 6,5 pH. On pique habituellement trois à cinq boutures par pot.

1

Scindapsus pictus, présenté dans les anciennes publications comme *Pothos argyraeus,* a de longues feuilles coriacées, de 10 à 15 cm. Comme plante d'intérieur on ne la cultive que sous sa forme jeune (1) donc dépourvue d'organes de reproduction et ayant des tiges plus grêles et des feuilles plus petites que la plante adulte. Une multiplication végétative constante est déjà bien fixée chez la plante. On ne rencontre pratiquement plus de plantes ayant des cellules sexuelles reproductrices.
Outre l'espèce d'origine, on cultive aussi une variété à feuilles panachées *S. pictus* 'Argyraeus' (2) aux feuilles plus petites, tachetées d'un blanc argenté intense. L'espèce d'origine ainsi que cette variété peuvent se cultiver dans l'eau. Il ne faut pas enlever les racines aériennes qui poussent sur les tiges car elles ne servent pas seulement de support, mais aussi à puiser l'humidité de l'air.

2

Sédum, ou **Orpin** — Crassulacées
Sedum sieboldii — *Crassulaceae*

Le genre *Sedum* comporte près de cinq cents espèces en Europe, Afrique et en Amérique, mais quelques rares espèces tropicales et subtropicales se cultivent en appartement. Le *Sedum sieboldii,* plante succulente, convient aux intérieurs. On pose le pot devant une fenêtre où la température ne monte pas trop haut, c'est-à-dire que la meilleure orientation est l'est. Cette plante produit aussi un bel effet, suspendue dans l'espace, et en été elle peut orner des bacs de fenêtres.

Au moment de la végétation, il ne faut prévoir que des arrosages modérés, et encore moins en hiver. Le sédum aime beaucoup la lumière, et en hiver 5 à 8 °C sont pour lui la meilleure température. Point n'est besoin d'engrais. On rempote les plantes un peu âgées tous les deux ou trois ans, et tous les ans les jeunes plantes, de préférence avant le printemps. On utilise une terre légère, perméable.

Le sédum se multiplie très facilement par boutures de sommets, en juillet et août. On pique directement plusieurs boutures dans un pot, en veillant à ce que l'ensemble ait un air décoratif. On peut même prendre une feuille, pour bouturer. Il suffit de la placer à la surface d'une terre sableuse, et elle y prendra racine. Dès qu'apparaissent les tiges aériennes on rempote dans un pot un peu plus grand ou dans une vasque. On peut aussi multiplier par semis, de préférence au printemps. Les graines germent en deux à trois semaines, leur pouvoir de germination dure trois ans au maximum.

Sedum sieboldii provient du Japon. Ses tiges retombantes atteignent 25 cm (1), ses feuilles charnues ont 1,5 cm de large. En automne, fleurissent des ombelles de petites fleurs roses à cinq pétales. Dans les régions viticoles d'Europe, cette expèce se garde dehors tout l'hiver, protégée par des ramilles de conifères, au besoin plantées à une place favorable dans une rocaille. *S. sieboldii* 'Mediovariegatum' (2) a des taches jaunâtres au centre du limbe de la feuille, et comme elle renferme moins de chlorophylle que l'espèce-type, elle est également mois résistante.

Senecio doria (3) a les mêmes exigences quant au milieu et aux soins, c'est une espèce succulente d'Europe centrale et méridionale. Feuilles charnues, de 1,2 cm de long; les modestes petites fleurs composées s'épanouissent en juillet et août.

3

1
2

Setcreasea — Commelinacées
Setcreasea pallida — *Commelinaceae*

On ne connaît que cinq espèces de ce genre, provenant toutes du Mexique et du Texas. Ce sont des plantes de caractère rampant.

Setcreasea pallida, très connue aussi sous son synonyme de *S. purpurea,* est une espèce mexicaine. On la cultive souvent comme plante d'appartement, en pot suspendu. Mais en été on peut la placer dans un bac, sur un balcon ou une fenêtre. On en garnit aussi des plates-bandes.

Cette plante apprécie un endroit protégé des rayons directs du soleil. Si elle est trop éclairée, ses feuilles auront une belle couleur, mais les rayons du soleil ajoutés à un air trop sec feront brunir le bord des feuilles. La température optimale est de 22 °C en été, en hiver 15 °C suffisent.

Il faut harmoniser les arrosages à la saison et à la chaleur ambiante. *Setcreasea* ne supporte pas l'eau sur ses feuilles, elle y fait des taches. Elle n'exige pas trop d'engrais. Ce ne sont que les jeunes plantes qui ont une belle couleur de feuilles, c'est pourquoi l'on pince souvent pour forcer une nouvelle ramification.

Setcreasea se multiplie facilement. Il suffit de couper des boutures de sommet, de les piquer directement en pot rempli d'une terre moyennement lourde, et elles prennent racine assez vite. On met trois à cinq boutures dans un pot de 8 à 10 cm. Les boutures s'enracinent également dans l'eau.

3

2

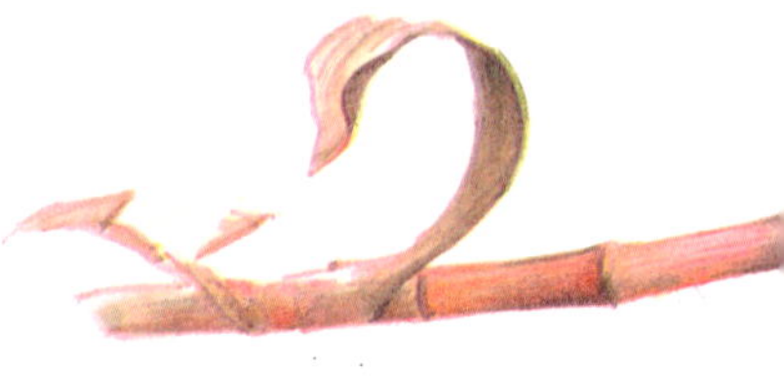

1

Setcreasea pallida (1) a des tiges assez charnues, de 40 cm de long, avec des feuilles sessiles atteignant 18 cm sur 4 cm. Elle pousse d'abord tout droit, puis rampe ou retombe. Les fleurs (2) peu marquantes, rose pourpré, d'environ 1 cm de large, fleurissent surtout au printemps et en été, mais peuvent aussi le faire en automne comme en hiver. Si l'on donne trop d'engrais composé avec un excès d'azote, la plante poussera bien mais fleurira peu.

Callisia elegans (3) provient du Mexique. Ses tiges rampantes, avec des feuilles de 7 cm, forment une végétation touffue. Pour l'hiver, il faut plus de 16 °C et les racines ne doivent pas se dessécher. Culture, multiplication et usage comme l'espèce précédente.

Stéphanotis Asclépiadacées
Stephanotis floribunda *Asclepiadaceae*

Le genre *Stephanotis* rassemble seize espèces de plantes ligneuses grimpantes sempervirens à feuilles coriacées, qui poussent toutes en Malaisie et à Madagascar.

Stephanotis floribunda, de Madagascar, atteint 8 m de haut. En appartement, il lui faut un endroit bien éclairé, de l'air humide et des arrosages réguliers, beaucoup d'éléments nutritifs : on lui donne donc une fois par semaine une solution d'engrais complet à basse teneur en azote. Pour l'hiver, la meilleure température se situe entre 12 et 14 °C, l'endroit sera bien éclairé et les arrosages réduits.

Au début on rempote tous les ans les jeunes plantes, puis tous les deux ou trois ans, dans un pot pas trop grand, rempli d'un mélange de terreau de feuilles, d'aiguilles de conifères, et de sable. Réaction optimale de la terre 6,0 à 6,5 pH. Le calme végétatif favorise la floraison. Par une culture dirigée, c'est-à-dire en reportant les périodes de repos et en assurant une lumière et une température précises, les horticulteurs parviennent à modifier en serre la culture du stéphanotis de sorte qu'il fleurisse au moment choisi de l'année. Au printemps, on élimine uniquement les tiges trop faibles.

Les stéphanotis se multiplient par bouturage. On coupe des boutures de sommet de préférence au début du printemps et on les pique dans un mélange de tourbe et sable. Par 25 °C l'enracinement se fait en quatre à cinq semaines. Les semis sont moins satisfaisants, ils fleurissent moins que les boutures.

2

Stephanotis floribunda (1) sempervirens, feuilles coriacées de 9 cm, fleurs blanches à fort parfum, d'ordinaire de juin à septembre. Chaque fleur, de 4 cm, rappelant par sa forme une fleur de lilas fortement agrandie, est disposée en grappe légère. Elle semble être en cire (2). On cultive des plantes de petite taille en pot, on tuteure ou on accroche à un arceau de fil de fer (3), et on place derrière une fenêtre ouverte. Les plantes plus anciennes, devenues plus grandes, atteignant quelques mètres, se cultivent en serre froide, en grand pot ou directement en plate-bande. On les attache à du fil ou à un grillage. On peut, pour un temps limité, couper les inflorescences pour en faire des bouquets ou orner une corbeille fleurie.

1

3

Syngonium — Aracées
Syngonium auritum — *Araceae*

On connaît quatorze espèces de *Syngonium,* toutes répandues en Amérique Latine, du Mexique au Brésil et aux îles proches. Ce sont des plantes ligneuses grimpantes, à longues tiges d'où s'écoule, par blessure, un latex qui se fige à l'air. Les feuilles sont très variables : d'abord lancéolées, elles deviennent ensuite palmées. L'épi floral est protégé par une spathe de couleur différente. Il est toutefois rare qu'un syngonium fleurisse en appartement.

Syngonium auritum, est l'espèce la plus cultivée en Europe. Au début, on attache la jeune plante à un tuteur couvert de mousse, dans un pot, ou en épiphyte sur une branche. Une fois développée, la plante peut grimper sur un mur dans une serre, une fenêtre florale ou une vitrine.

Cette plante exige un emplacement chaud, à température optimale de 20 à 22 °C, mais supporte une baisse de quelques degrés, pour un temps assez court. Mais même en hiver il ne faudrait pas descendre au-dessous de 15 °C. Elle supporte mal les rayons solaires directs, mais se plaît le mieux dans un demi-ombrage.

On rempote dans un mélange de terre meuble mais riche. On peut planter, avec le pot, dans un récipient plus grand rempli de gravier et tourbe humide, voire dans l'eau. Des vaporisations sur les feuilles conviennent aussi.

Syngonium auritum, souvent encore appelé *S. vellozianum,* pousse à l'état sauvage au Mexique et à la Jamaïque. Elle a des tiges d'abord rampantes puis grimpantes, avec de nombreuses racines aériennes. Les feuilles d'abord lancéolées (1) deviennent triangulaires ; les plantes adultes sont épiphytes. Elles ne fleurissent que bien développées, et dans des conditions favorables. L'épi de petites fleurs jaunes est protégé par une spathe verte à reflets pourpres (2). Les fruits sont des baies rouges, qui ne mûrissent que dans le pays d'origine.

3

S. podophyllum a aussi des feuilles très variables. Au début les feuilles sont simples ou peu articulées, plus tard elles deviennent composées (3).

Syngonium podophyllum : liane convenant à un appartement chaud et assez humide. Si les racines aériennes se forment, c'est la preuve que la plante se porte bien. En pot, on ne les conservera que peu de temps si elles sont dans une atmosphère sèche, mieux vaut une serre ou une fenêtre fermée. Dans les grandes compositions florales elles servent bien comme couverture du sol.

On les soigne comme le philodendron ; ces plantes apprécient un milieu chaud et autant que possible mi-ombragé, avec une réaction optimale de la terre de 5,0 à 6,5 pH.

Syngonium podophyllum se rempote selon les besoins, de mars à août. De la mi-mars à la mi-août, lors de la végétation active, on donne tous les quinze jours une solution à 0,2 % d'engrais composé.

S. podophyllum, tout comme *S. auritum,* se multiplie le plus souvent par boutures de sommets ou de tiges, que l'on pique dans un mélange de terreau de feuilles, tourbe et sable sous couche, avec chauffage en dessous. En même temps on place les racines aériennes dans un substrat pour qu'elles s'y enracinent à leur tour. L'amateur peut essayer, comme on le fait avec le ficus. On coupe une tige et on l'enrobe de mousse que l'on maintient humide. La plante forme des racines aux aisselles, soit sous le pédoncule de la feuille. On ne coupe cette partie de plante pour l'en détacher qu'une fois qu'elle a pris racine et on la plante en terre. Parfois les tiges font directement des racines, on peut les couper et planter.

2

Syngonium podophyllum croît à l'état sauvage du Mexique à Costa Rica. Les plantes anciennes ont des feuilles composées de trois à neuf lobes, et longues de 15 à 20 cm (1), les jeunes feuilles sont hastées. Ces plantes atteignent 3 m de haut. La grande variabilité de couleur et de forme de cette espèce a amené une sélection, et le marché offre des variétés telles que *S. podophyllum* 'Albolineatum' avec un joli dessin blanc-gris (2), 'Green Gold' à feuilles vertes et dessins blanc-jaune,

'Imperial White' qui a des feuilles d'abord blanc argenté puis vert clair. Au bout d'un certain temps toutes ces feuilles verdissent, on peut donc trouver sur une même plante des feuilles bigarrées et d'autres toutes vertes.

Tetrastigma — Vitacées
Tetrastigma voinerianum — *Vitaceae*

On connaît quatre-vingt-treize espèces du genre *Tetrastigma* dont l'aire de répartition s'étend en Asie du Sud-Est, en Australie et dans les îles du Pacifique. Ce sont des lianes atteignant 8 m.

On cultive en pot seulement les plantes jeunes, tuteurées ou retombantes. Les plantes un peu vieilles nécessitent trop d'espace. Au début on attache cette liane à une grille ornementale ou à des fils tendus ; par la suite elle s'accrochera au support offert. En un temps relativement court elle verdira une grande surface, car elle pousse de quelques mètres par an.

En hiver, elle sera mieux dans une serre ou un hall spacieux, à une température optimale de 15 à 18 °C, avec une forte humidité de l'air et dans la pénombre. Supporte assez bien même un local enfumé.

Tetrastigma demande un arrosage abondant et régulier, mais pas excessif, et qui sera réduit en hiver. D'avril à juillet cette liane puissante et exubérante devra recevoir une fois par semaine une solution à 0,3 % d'engrais complet. On rempote, selon les besoins, dans un mélange de compost, terreau d'aiguilles et sable, avec un pH optimal de 6,0 à 7,5.

On multiplie par boutures de sommets ou de tiges avec une feuille. Sous plastique, s'enracine habituellement en quatre semaines, sous 22 à 25 °C.

2

Tetrastigma voinerianum, que l'on rencontre encore souvent dans les anciennes publications sous les synonymes de *Cissus voinerianum* ou *Vitis voineriana,* provient du Vietnam du Nord. C'est une liane sempervirens, à énormes feuilles atteignant 45 cm de large, composées, coriacées, velues en dessous avec un long pétiole (1), axant de trois à sept lobes, chacun de 25 cm de long sur 20 cm, à surface lisse. De nombreuses vrilles longues, très élastiques (2) s'enroulent en spirale autour de leur support. Au début de l'été apparaissent à l'aisselle des feuilles de petites ombelles de fleurs assez insignifiantes. Comme la partie basse des anciennes plantes perd vite ses feuilles, il est bon de se soucier à temps de leur remplacement.

Thunbergie ailée Acanthacées
Thunbergia alata *Acanthaceae*

Le genre *Thunbergia* compte environ cent espèces , sauvages en Afrique tropicale, à Madagascar et dans les régions chaudes d'Asie. Ce sont des plantes ligneuses et des herbacées, en majorité grimpantes.

L'espèce la plus cultivée, *Thunbergia alata,* est populairement appelée «Suzanne aux yeux noirs». Plante vivace, elle provient des régions du sud-est de l'Afrique. En Europe on la cultive soit comme plante d'appartement s'il n'est pas trop chauffé ; peu exigeante, également au jardin comme plante annuelle grimpante. On peut la semer dès le début du printemps, et la précultiver sous verre.

En tant que plante en pot, elle passe l'hiver à une température avoisinant 6 °C. Avant le printemps, on taille court et on laisse reprendre sous 15 à 18 °C. Au moment de la croissance active et de la floraison on arrose régulièrement, et toutes les deux semaines on ajoute une solution à 0,2 % d'engrais complet.

Au jardin il lui faut du soleil, un endroit chaud et protégé du vent, une terre légère, moyennement alcaline et riche. Tout au début il lui faut un support où s'accrocher.

On sème en mars, dans une terre légère, et on place les semis sous verre. Les jeunes plants sortent en quatorze à vingt jours, à une température de 18 à 20 °C. On les repique au plus tôt dans de petits pots, et plus tard dans un pot plus grand. Les plantes ainsi préparées se repiquent dehors quand il n'y a plus de menaces de gelées.

Thunbergia alata atteint 1,50 m si elle est placée dans un endroit favorable en appartement ou au jardin. Ses feuilles de 8 cm sont plus ou moins cordiformes. Chaque fleur, qui pousse à l'aisselle des feuilles sur un long pédoncule, a un périanthe d'environ 30 mm terminé par cinq pétales horizontaux, l'intérieur étant brun-noir. Dehors, cette plante fleurit de la mi-juin aux premières gelées d'automne ; en appartement elle fleurit en dehors de cette période. Outre l'espèce type, à corolle jaune clair et intérieur foncé (1), on cultive des variétés de coloris divers, allant du blanc à l'orange, par exemple *T. alata* var. *aurantiaca* à grandes fleurs orange (2), var. *albiflora* aux fleurs blanches à tache noire, var. *bakeri* à fleur d'un blanc pur, sans œil, et var. *lutea* d'un jaune pur sans yeux noirs. En pot, ces plantes ont besoin d'un tuteur (3).

1
2

Tradescantie — Ephémère, ou **Misère** Commelinacées
Tradescantia albiflora *Commelinaceae*

Environ quarante espèces du genre *Tradescantia* poussent à l'état sauvage en Amérique du Sud tropicale ; plantes vivaces surtout rampantes ou retombantes ; fleurs printanières assez insignifiantes.

Ces plantes très peu exigeantes peuvent se cultiver à des températures entre 5 et 25 °C ; elles supportent bien l'air sec des appartements. Une lumière tamisée ou une pénombre leur convient, mais les formes panachées exigent plus de lumière et de chaleur. Plus la terre sera pauvre, plus colorées seront les feuilles.

Les arrosages doivent être appropriés à la température et à la luminosité de l'emplacement. Les variétés bariolées ont une tendance à redevenir vertes, alors on coupe à temps ces tiges, et on ne se sert pas de ces plantes pour le bouturage. Les plantes plus âgées se dénudent souvent par le bas, il est donc bon d'en planter de nouvelles tous les ans.

Tradescantia albiflora, connue aussi sous son synonyme de *T. viridis,* originaire d'Amérique du Sud, a été importée dans les régions du sud des Etats-Unis. Du printemps à l'automne, on peut la cultiver en pots, en bacs, aux fenêtres et sur les balcons, ou avec d'autres plantes dans les plates-bandes fleuries.

T. fluminensis provient également des tropiques sud-américains. Se distingue de l'espèce précédente par des tiges virant au rouge, et de plus petites feuilles qui ont un reflet violet au-dessous.

Tradescantia albiflora a des tiges charnues et rampantes, de 30 à 50 cm, avec des feuilles sessiles de 6 cm de long sur 2,5 de large (1). On en cultive aussi des variétés, comme *T. albiflora* 'Albovittata' à raies blanches sur les feuilles (2). Les variétés à feuilles bigarrées veulent plus de chaleur et de lumière que le type, sinon les feuilles verdissent. Si ses besoins indispensables en chaleur et lumière sont satisfaits, la trandescantie se couvrira de petites fleurs blanches (3). Chaque fleur est éphémère et souvent ne dure qu'un jour, mais comme l'inflorescence se compose de dizaines de petites fleurs, la plante est fleurie pendant quelques semaines.

3
2
1

Tradescantie — Commelinacées
Tradescantia blossfeldiana — *Commelinaceae*

Tradescantia blossfeldiana provient d'Argentine. Espèce très peu exigeante, elle convient à l'amateur débutant. Dans les appartements, elle trouve sa place dans les pots les plus divers, et comme fond dans les grandes corbeilles.

T. venezuelanica provient, comme son nom l'indique, du Venezuela. On l'utilise en divers pots suspendus, où son élégance est bien mise en valeur.

Sa multiplication n'est pas compliquée, même pour un débutant, elle se fait en n'importe quelle saison par boutures de sommets ou de tiges. On prend une bouture de 10 cm, on ôte les feuilles du bas, on pique par cinq à quinze boutures dans un pot moyen, rempli d'un mélange de terreau bien perméable. Sans couverture, l'enracinement se fait en deux semaines, avec des arrosages moyens. On pince plusieurs fois pour favoriser la ramification.

Toutes les espèces de misères sont peu exigeantes, elles poussent même dans l'eau, c'est pourquoi on les place parfois dans de petits récipients muraux qui contiennent seulement de l'eau claire. Dans les grands arrangements floraux, elles conviennent comme fond. De mai à octobre, on peut les installer aux fenêtres ou sur les balcons, en grandes caisses ou pots, mais il faut les rentrer à temps, car elles ne supportent pas le gel.

2

Tradescantia blossfeldiana (1) a de fortes tiges, longues de 30 cm, avec des poils drus, qui poussent d'abord tout droit puis retombent. Les feuilles, atteignant 10 cm, sont rouge violacé par en dessous. Les fleurs, rose pâle, apparaissent surtout de mars à août.
T. venezuelanica a des tiges retombantes et de fines feuilles, qui semblent de verre, plus petites que chez la *T. albiflora*. Forme un ensemble dru, richement ramifié (2).
L'inflorescence des misères est en grappe, les fleurs (3) se composent de trois sépales verts et trois pétales fins, vite fanés. Six étamines entourent le pistil, et leurs filets sont couverts de longs trichomes. L'ovaire à trois carpelles supérieurs mûrit en capsule avec deux graines dans chaque réceptacle.

1
3

Capucine
«Tropaeolum» hybrides

Tropéolées
Tropaeolaceae

Près de quatre-vingts espèces du genre *Tropaeolum* poussent à l'état sauvage dans les montagnes d'Amérique du Sud. Leurs tiges charnues, souvent richement ramifiées, grimpent ou rampent.

Tropaeolum majus, grande capucine, provient de Colombie, Equateur et Pérou, où elle pousse sauvage, vivace. En Europe on la cultive comme plante annuelle qui fleurit de juin à octobre, ce qui dépend du moment des semis. L'espèce d'origine ne se cultive pas. On la remplace par des *Tropaeolum* hybrides, nom commun à plusieurs variétés à grandes fleurs dont les tiges atteignent 2,5 m et les fleurs 7 cm de diamètre.

La capucine pousse bien dans toute terre de jardin pourvu qu'elle soit perméable et pas trop azotée. C'est au soleil qu'elle fleurit le mieux, à l'ombre et dans un milieu humide elle produit seulement beaucoup de feuilles et peu de fleurs.

Ces plantes ne supportent pas les basses températures, il ne faut pas planter au dehors des plants, avant la deuxième moitié de mai. On peut toutefois semer directement en place, le développement est rapide. On sème alors dans la première quinzaine de mai. Un gramme compte de huit à quinze semences qui gardent leur pouvoir germinatif pendant deux à quatre ans. Pour hâter la floraison, on peut semer en avril, dans un pot de 8 cm enfoncé dans une couche de fumier.

La capucine produira le plus bel effet grimpant sur un treillis, une clôture, une palissade, ou en tant que verdure formant tapis sur les plates-bandes.

Tropaeolum hybrides (1) est une plante annuelle qui se range parmi les moins exigeantes, tout en étant très vigoureuse. Elle comporte ses longues tiges couvertes d'une grande quantité de fleurs. On en a sélectionné de nombreuses variétés de diverses couleurs. Fleurs, tiges et feuilles sont comestibles. Sur les balcons, on peut la cultiver comme plante retombante. Coupées, les tiges fleuries tiennent dans

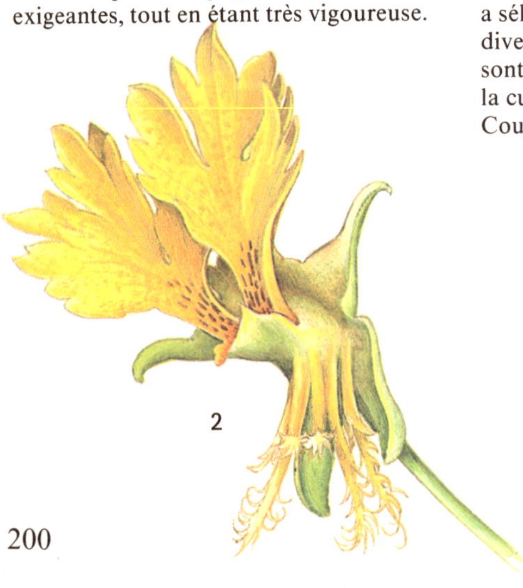

2

un vase une dizaine de jours, et les boutons floraux s'ouvrent progressivement.
T. peregrinum provient du Pérou où il atteint 5 m. Feuilles à cinq ou sept lobes, de 12 cm de large (3). Fleurs symétriques, jaune citron, pétales à bords largement effilochés, au parfum agréable (2). En Europe, fleurit de juillet à octobre.

3

1

Grande pervenche Apocynacées
Vinca major *Apocynaceae*

Le genre *Vinca* ne réunit que cinq espèces, spontanées en Europe, Asie Mineure et Afrique du Nord. Ce sont de petits buissons rampants dont les tiges fleuries poussent droites, les feuilles sempervirens, coriacées, ont diverses formes.

Vinca major pousse dans les terres humides, dans la pénombre des bois clairs, au sud de l'Europe et en Asie Mineure. En appartement, on la cultive en pot. Elle aime la fraîcheur et la mi-ombre. En été, on la place au jardin, à l'ombre, dans un bac de fenêtre ou de balcon, mais il faut la rentrer à la maison ou sous serre avant les gelées.

Cultivée en pot ou en bac, la pervenche demande des arrosages réguliers du printemps à l'automne, et de temps à autre un peu d'engrais. Elle passera l'hiver si elle a assez de lumière à une température optimale de 6 à 8 °C et des arrosages réduits. On rempote tous les deux à trois ans en bonne terre de jardin moyennement lourde.

La pervenche se multiplie par bouturage, à la fin de l'été. On pique quelques boutures dans un pot de taille moyenne que l'on place en serre, sinon on l'enfonce dans une couche de fumier et on recouvre de ramilles d'épicéa. On peut aussi multiplier les plus anciennes plantes en séparant les touffes, tout en prenant garde de ne point trop abîmer les tiges souterraines et les racines.

Vinca major (1) forme deux types de tiges. Les tiges ligneuses ne fleurissent pas, sont rampantes et atteignent 80 cm. Les tiges fleuries se dressent, et n'ont pas plus de 30 cm. Les feuilles ont 7 cm. Les fleurs en ont 4 de large (2). La pervenche fleurit dans la deuxième moitié du printemps, mais dans des conditions favorables des fleurs isolées apparaissent encore plus tard. Dans les régions de vignobles, et dans des endroits abrités, si l'hiver n'est pas trop rude, la pervenche ne périt pas. Les variétés à feuilles bigarrées sont plus fragiles que le type, par exemple *Vinca major* 'Variegata' dont les feuilles sont bordées et tachetées de blanc (3).
Vinca minor provient d'Europe centrale, ses tiges rampantes non fleuries comportent des racines ; les tiges fleuries n'ont que 15 cm et portent leurs fleurs environ trois semaines avant *V. major*.

Tradescantie, ou **Misère** — Commelinacées
Zebrina pendula — *Commelinaceae*

Le genre *Zebrina* ne compte que quatre espèces répandues surtout au Mexique, et qui rappellent les tradescanties, auxquelles elles sont apparentées. En général, elles se couvrent au printemps de petites fleurs roses ou blanches.

Zebrina pendula : plante d'appartement retombante, peu exigeante, qui convient à tous les milieux. Elle produit un bel effet dans une boule de verre ou tout autre récipient accroché au mur ou suspendu dans l'espace, ou encore dans une coupe décorative avec d'autres plantes.

Z. purpusii : très exubérante et compacte. En pleine lumière, ses feuilles sont pourpres, dans l'ombre elles sont plutôt vertes. Provient du Mexique. *Z. purpusii* 'Minor' a de plus petites feuilles à reflet brun.

Z. flocculosa : espèce relativement peu cultivée qui mériterait d'être plus répandue.

Toutes ces espèces de misères ont les mêmes exigences de culture que toutes les tradescanties, mais elles ne peuvent supporter moins de 12 °C. Les variétés à feuilles bigarrées ont besoin de plus de lumière, sinon les feuilles verdissent vite. Elles supportent bien l'air sec des lieux d'habitation. Il ne faut pas trop arroser pour maintenir les contrastes de couleur.

Les misères se multiplient facilement par boutures de sommets ou de tiges avec quelques feuilles. On les pique par cinq jusqu'à quinze en pot moyen, rempli de terre moyennement lourde.

Zebrina pendula (1), souvent encore dénommée *Tradescantia zebrina,* est une herbacée pendante, provenant du Mexique. Les tiges, d'environ 40 cm, portent de nombreuses feuilles atteignant

2

4

1

3

6 cm. *Z. pendula* 'Quadricolor' est une variété qui pousse plus lentement, avec des raies blanches et roses de différentes largeurs sur les feuilles. *Z. flocculosa* provient d'Amérique centrale. Ses fleurs d'un bleu intense (2) apparaissent en avril. *Plectranthus parviflorus* (3), appelée également *P. australis* dans les anciennes publications, est une plante vivace sempervirens originaire d'Australie et des îles du Pacifique. Passe l'hiver à une température optimale de 8 à 10 °C et arrosages réduits. En été, peut être placée au-dehors. *P. oertendahlii* (4) est une plante vivace sud-africaine, sempervirens, rampante ou retombante, un peu plus exigeante quant à la chaleur durant l'hiver que l'espèce précédente. Les espèces du genre *Plectranthus* se cultivent de même que celles du genre *Zebrina*.

Soins à donner aux plantes grimpantes

Pour retirer un véritable plaisir des plantes d'appartement et de jardin, il faut s'en occuper soigneusement. En premier lieu, il faut que tous les travaux soient exécutés à temps si l'on veut avoir de belles plantes saines.

Arrosage

La capacité d'absorption d'eau d'une plante dépend de sa grandeur, son âge, son stade de développement, l'heure ou saison, du temps qu'il fait, des conditions de chaleur et luminosité, d'humidité de l'air et aussi de son espèce.

Les grandes plantes, au riche feuillage, transpirent beaucoup plus que les petites ; elles ont donc besoin de plus d'eau. En hiver, période de dormance, la transpiration est limitée, la consommation d'eau se réduit. Si une plante manque d'eau, sa tension cellulaire baisse, elle se fane, puis ses feuilles sèchent, et la plante peut mourir. Un excès d'humidité de longue durée est tout aussi nocif, car les racines ne peuvent respirer. Si l'on arrose trop une plante d'appartement, la terre devient boueuse, elle obstrue le trou d'écoulement, et elle fermente. Pratiquement, en été on arrosera les plantes d'appartement tous les jours, en hiver une fois tous les quatre à dix jours. L'arrosage au jardin se règle sur le temps qu'il fait.

Le meilleur arrosage se fait très tôt le matin, car la plante consomme davantage d'eau pendant la journée. L'eau ne doit pas être trop froide, le mieux est que l'eau ait la même température que l'air ambiant. L'eau distribuée industriellement contient souvent beaucoup de chlore, voire de calcaire : ce que certaines plantes ne supportent pas. La meilleure eau, est l'eau de pluie, même si elle est souvent polluée.

Fumures et engrais

Pour se développer, les plantes ont besoin de matières nutritives, qu'elles absorbent en général sous forme de solutions, par leurs racines. Ce besoin dépend de l'espèce de la plante, de son âge et de l'époque de l'année.

La fumure de base consiste à ajouter un engrais à la terre avant la plantation ou le repiquage d'une plante, mais cet apport ne suffit en général que trois à six mois, il faut donc en rajouter par la suite.

On ne donne un engrais qu'à une plante saine et bien enracinée. En donner prématurément nuit au système de racines ; tant que ne se sont pas créées de nouvelles racines, qu'elles n'ont pas renouvelé leur union avec la terre, l'engrais serait superflu et même nuisible.

Un apport d'engrais se fait lors de l'activité végétale et de la floraison. Durant la période de dormance, la consommation en eau se réduit, et l'engrais brûlerait facilement les racines. En général, on commence en mai pour terminer en septembre. Si l'on continue à donner de l'engrais après septembre, les plantes continuent à pousser et leurs pousses de l'année mûrissent mal. Au moment de son activité et de la formation de la verdure, la plante a surtout besoin d'azote. Au cours de la formation des boutons floraux et des fruits, la plante consomme plus de potassium et de phosphore.

Une fois par semaine ou tous les quinze jours, on ajoute une solution à 0,1 jusqu'à 0,3 % d'engrais composé (1 à 3 gr d'engrais par litre d'eau) à l'eau d'arrosage des plantes d'appartement. Auparavant, il est bon d'arroser abondamment afin d'éviter de brûler les racines. Au jardin, on fume les plantes grimpantes dès le printemps — par exemple le chèvrefeuille, avec du compost bien reposé — et au cours de l'été on ajoute de l'engrais à l'eau d'arrosage. Toutefois la plupart des espèces de plantes grimpantes de plein air ne sont pas très exigeantes quant au sol et aux soins.

Transplantation

Au jardin, autant que possible, on évitera de transplater inutilement les plantes ligneuses. Certaines espèces comme les clématites ne supportent pas d'être transplantées, en terrain libre.

Par contre, les plantes grimpantes ou retombantes d'appartement, surtout quand elles sont jeunes, doivent être régulièrement rempotées, car elles épuisent assez vite les éléments nutritifs mis à leur disposition ; les racines étouffent dans un pot devenu trop petit et les plantes cessent de croître et de fleurir. Il suffit, pour se convaincre de cette nécessité, de retourner un pot, fond en l'air, de lui donner un petit coup sec, par exemple sur un coin de table, tout en soulevant le pot de l'autre main. Si toute la motte de racines remplit l'espace du pot, il est temps de rempoter la plante.

Le moment le plus favorable pour rempoter est juste avant le printemps ou tout au début, avant la nouvelle montée de la sève. La plante surmonte alors le plus facilement le choc de la transplantation. On rempote tous les ans les jeunes plantes à végétation vigoureuse ; pour les plus lentes, et plus âgées, il suffit de le faire tous les deux à trois ans. Les plantes que l'on rempote souvent sont mises en terre légère, meuble, avec assez de nourriture assimilable sous forme d'engrais complet industriel. Les plus vieilles plantes sont placées de préférence dans une terre plus lourde, avec une bonne provision de matières nutritives qui se libèreront lentement ; par exemple de la farine dc corne et de cuir séché.

La grandeur du pot correspondra à la taille de la plante et de ses racines. Dans un pot trop grand, il faut attendre longtemps avant que les racines le remplissent, et, durant ce temps, la terre s'acidifie. Pour obtenir une plante bien saine, on choisit donc un pot d'environ 2 cm de plus que l'ancien. Un nouveau pot en terre cuite sera placé d'abord pendant quelques heures dans l'eau pour qu'il s'en imprègne bien. Les pots en matière plastique n'étant pas poreux se dessèchent moins vite que les pots de terre.

Il faut assurer un drainage au fond du pot, pour que s'écoule l'excès d'eau d'arrosage. Il suffit de couvrir le trou du fond d'un tesson assez grand, il servira en même temps à faire sortir toute la motte de racines, en étant poussé avec un petit bâton, au moment du rempotage. Un drainage plus important se réalise avec une couche de quelques centimètres de tessons, petits cailloux, gravier et sable à gros grain.

Si l'on arrose la plante quelques heures avant de la rempoter, on la retirera plus aisément de son pot. On libère la motte de racines en passant un couteau long et effilé entre le bloc de terre et la paroi du pot, opération nécessaire si la plante est restée longtemps dans ce récipient.

Au-dessus de la couche de drainage, on étend juste assez de terre pour pouvoir placer la plante à une bonne profondeur. On la met bien droit, au centre et tandis qu'on la maintient ainsi d'une main, de l'autre on ajoute de la terre tout autour. Ce faisant, on donne de légers coups sur le pot, pour que la terre remplisse bien tous les vides. Tout autour du bloc de racines, on enfonce la terre avec les pouces. Enfin on remplit de terre le pot, de façon à ménager deux centimètres jusqu'au bord, pour l'eau d'arrosage. Une plante rempotée ne doit être placée ni plus haut ni plus bas que dans son ancien pot.

Les plantes grimpantes doivent tout de suite avoir un tuteur, on en place donc un dans le pot, en même temps que la plante. En l'attachant à son tuteur on veille à ce que la plante puisse laisser librement se développer ses nouvelles pousses.

Une plante rempotée se place d'abord en un endroit ombragé, où il fait un peu chaud et humide. On aère prudemment, car à ce moment la plante ne supporte absolument pas les courants d'air On augmente les arrosages progressivement, selon la façon dont se déroule l'enracinement.

Ombrage

Après un rempotage, on ne peut pas laisser les plantes — même les espèces les plus avides de lumière — exposées aux rayons directs du soleil. Il faut, au moins pendant les premiers jours, et même les premières semaines, les protéger par un rideau de bois, jute, toile ou roseaux, afin d'éviter le dessèchement de la motte de racines.

La plupart des plantes grimpantes d'appartement ne supportent pas, en été, une lumière solaire trop intense, surtout celles qui sont originaires des sous-bois des grandes forêts. L'ombrage peut être recherché, parfois même au printemps ou à la fin de l'hiver, quand il arrive au soleil de percer soudain dans un ciel sans nuages, et que les plantes affaiblies ne sont pas encore habituées à sa chaleur. Alors les feuilles pâlissent, il s'y produit parfois des taches brunes de brûlure ou toute la feuille est brûlée.

Un store à lamelles est un excellent dispositif de protection pour une fenêtre exposée au sud, surtout si l'on peut l'orienter en diverses positions ; ce qui permet de contrôler la quantité de rayons solaires qui peuvent pénétrer. Il existe de telles installations réglables automatiquement par photocellule.

Taille et formes

La taille n'est supportée que par les plantes capables de bourgeonner à partir des bourgeons dormants, dans le bas des tiges. Les jeunes plantes doivent être pincées pour les obliger à se ramifier. En taillant des plantes plus anciennes, on corrige leur forme. Une taille de rajeunissement est nécessaire chez les plantes ligneuses dont les parties inférieures se sont dénudées ; on les oblige à une nouvelle ramification en taillant au-dessus de l'endroit où elles devaient se ramifier. On taille les plantes ligneuses qui fleurissent tard avant le début de la nouvelle montée de sève, tandis que l'on doit tailler tout de suite après la floraison celles qui fleurissent tôt. La plupart des plantes d'appartement grimpantes ou retombantes ont besoin d'être taillées de mars à mai.

On coupe les rameaux au plus près au-dessus d'un bourgeon à feuille, pour ne pas laisser sur la plante de vilains mignons. On se sert d'un couteau bien affilé, pour que la coupure soit aussi lisse que possible et se cicatrise vite.

Sarclage et binage

Les mauvaises herbes disputent aux plantes cultivées la nourriture et l'humidité. Il faut donc les éliminer à temps. La tâche sera facilitée si l'on utilise de la terre désherbée.

Le binage, en brisant la croûte de terre, permet à l'air de parvenir aux racines. Pour les plantes en pots, on bine avec un petit bâtonnet. Pour le jardin, on utilise une binette ordinaire. Et l'on prend bien garde de ne pas blesser les racines.

Multiplication des plantes grimpantes

Si la multiplication des plantes ornementales est surtout l'affaire des horticulteurs, l'amateur doit connaître au moins les principes de base de cette activité, pour pouvoir, le cas échéant, multiplier une plante en vue d'en faire cadeau à des amis. Toutefois, les plantes grimpantes formant un groupe si nombreux et multiforme, les modes de leur multiplication sont tout aussi nombreux et variés. Examinons donc, brièvement, les plus importants.

Il est assez simple de multiplier certaines plantes annuelles peu exigeantes, qui se sèment en place, comme l'ipomée, le pois de senteur, le haricot ornemental, la capucine, etc. Il suffit de bien préparer le sol et de semer à temps, tout en prenant garde à ce que les semis ne lèvent qu'après les dernières gelées de printemps. Il faut toujours utiliser des semences propres, saines et fraîches.

Il faut semer sous verre les plantes annuelles comme le cobéa grimpant, la citrouille pépon, l'eccremocarpus grimpant, le houblon, le pétunia et la thunbergie ailée. On sème dans une coupe ou dans une caisse que l'on place en serre, en couche ou à l'intérieur de la maison. On pince selon les besoins, on repique dans de petits pots, et on plante dehors, quand la gelée ne menace plus.

Parmi les plantes d'appartement, on ne reproduit par semis que les espèces d'origine qui assurent une postérité, qui par leurs caractères et propriétés ne se différencieront pas de la plante-mère, telles que l'anthure, l'asparagus, la passiflore, le plombago ou dentelaire, le sédum ou orpin, le stéphanotis et autres. Comme les semences de certaines espèces perdent vite leur pouvoir germinatif, on les sème le plus tôt possible après la récolte, dans un mélange bien mûr de terreau, tourbe et sable. Le semis sera très régulier, et pas trop dru. On recouvre les semences d'une couche de terre épaisse et on réserve un centimètre libre, jusqu'au bord du pot, pour l'eau d'arrosage. On place le semis dans un endroit chaud et on veille à donner une humidité légère à la terre. Les plants sortiront en quelques jours ou quelques semaines, selon l'espèce. On protège les jeunes semis des rayons du soleil par un ombrage : au besoin d'une simple feuille de papier. On repique au plus tôt dans une coupe, caissette ou un pot pas trop grand, et plus tard, selon les besoins, dans des pots plus grands.

On peut également multiplier par semis des espèces de plantes ligneuses du genre *Akebia, Actinidia, Aristolochia, Campsis, Celastrus, Clematis, Lonicera, Rubus* et *Wisteria*. On sème dans une caissette remplie d'un mélange de compost et sable, et on laisse en un endroit ombragé, au jardin, jusqu'aux premières gelées. Ce n'est qu'ensuite qu'on place le semis sous verre, pour le faire germer à la chaleur. Les espèces les plus résistantes se sèment directement sur place, dans une plate-bande de jardin. Les graines de certaines espèces se stratifient avant d'être semées, sinon leur époque de germination serait retardée (par exemple les plantes ligneuses du genre *Actinidia, Celastrus, Lonicera,* etc.). Pour stratifier les semences, on les mélange à de la tourbe et du sable dans une caisse que l'on entrepose en un endroit frais et assez humide, par exemple la cave, ou un trou dans le jardin, jusqu'au moment de semer.

Certaines espèces de plantes grimpantes et retombantes ne produisent pas de graines à pouvoir germinatif, ou ne le font que rarement. On les multiplie alors de façon végétative. Dans ce cas, on sépare de la plante-mère une partie qui pourra assez facilement s'enraciner et créer une plante nouvelle. On obtient ainsi beaucoup plus vite une nouvelle plante que par semis d'une plante de la même taille. La multiplication végétative donne naissance à des «descendants» qui gardent toutes les propriétés, tous les caractères de la plante-mère. La façon la plus simple de multiplier par ce procédé est de diviser les mottes au moment du rempotage ou du repiquage, comme par exemple pour l'*Asparagus,* le *Sedum,* etc. Chaque motte doit avoir à peu près la même quantité de racines.

Certaines espèces de plantes grimpantes et retombantes forment, au bout de stolons, de petites plantes-filles, comme l'*Episcia,* la *Saxi-*

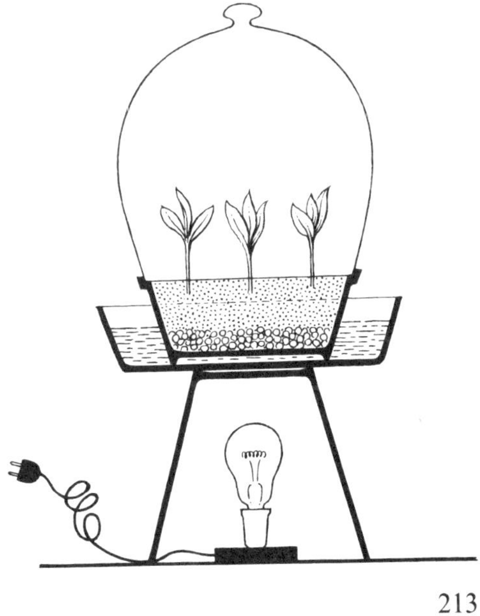

Multiplication en pot.

fraga stolonifera, etc. Dès que ces jeunes plantes ont formé leur propres racines, on peut les séparer de la plante-mère et les planter dans de petits pots. Les plantes à bulbe et à oignon forment de petits oignons ou bulbes en quantité plus ou moins grande ; au moment de les replanter on peut les séparer pour les cultiver (par exemple *Gloriosa*).

Akebia, Campsis, Rubus et d'autres espèces de plantes ligneuses de plein air forment à leur pied des rejets que l'on peut replanter. Mais on multiplie le plus souvent ces plantes par bouturage : ce qui consiste à couper une partie de tige, de feuille ou de racine d'une plante-mère pour la repiquer dans un substrat humide où elle s'enracinera et formera une plante nouvelle, si les conditions sont favorables. Les boutures de sommets se coupent surtout sur une tige encore verte qui ne porte pas de fleurs, au mieux sur une pousse de l'année, sur le côté des jeunes plantes. Le meilleur moment, pour couper de telles boutures vertes, est le printemps, mais on peut en prendre toute l'année sur les plantes à enracinement facile. On prend une bouture de 4 à 7 cm mais pour certaines espèces on peut la prendre plus longue. Autrefois, on recommandait de couper une bouture avec un couteau bien affilé, pour faire une taille lisse, mais de nos jours beaucoup d'espèces se brisent très près, en dessous d'un noeud, ou bien se coupent avec des ciseaux, et le résultat est le même. Les boutures prennent racine uniquement en milieu chaud, humide et ombragé, de préférence sous châssis. Pour y maintenir une forte humidité de l'air, on recouvre de verre ou d'une feuille de plastique. En appartement, on peut transformer en «pépinière» une armoire vitrée, ou un aquarium, avec chauffage électrique du substrat, et un thermostat. On peut aussi faire enraciner les boutures, en petite quantité, dans un pot où l'on utilise une ampoule électrique comme source de chaleur. Certaines espèces s'enracinent très facilement, et on les pique directement dans un pot sans devoir les couvrir de verre ou de plastique ; il suffit de les abriter des rayons directs du soleil (par exemple *Hedera, Pelargonium* et autres). Certaines plantes prennent même racine dans un verre d'eau, comme *Ficus, Allamanda, Scindapsus, Tradescantia, Zebrina*, etc. Il faut alors que la coupure de la bouture se trouve à quelque 3 cm au-dessous du niveau de l'eau. Dès que des racines assez longues se sont formées, on repique dans un pot.

Pour améliorer l'enracinement de certaines espèces qui reprennent difficilement, on emploie un stimulateur de croissance. On plante alors dans du sable, de la tourbe ou ces deux mélangés ; la perlite grossière a aussi donné de bons résultats.

Sur les plantes d'appartement à haute tige, comme le philodendron, on peut procéder directement à l'enracinement sur la plante, à condition que la partie du bas soit dépourvue de feuilles. A l'endroit où l'on veut que se fasse l'enracinement, on supprime une feuille et, juste en dessous, on fait une entaille jusqu'à peu près la moitié de l'épaisseur de la tige. Entre les lèvres de la coupure on glisse une fine lamelle de bois, une feuille d'aluminium, etc. pour empêcher la blessure de se cicatriser. On enveloppe la tige, autour de la blessure, de tourbe humide que l'on fixe avec du fil de fer ou autre. Pour que la tourbe conserve l'humidité nécessaire, on l'entoure d'une feuille de plastique que l'on rattache en haut et en bas à une petite baguette. Le meilleur moment pour ce mode de multiplication, ce sont les mois de juin et juillet. On ne détache le sommet que lorsque se sont formées assez de racines, et on plante alors avec l'enveloppe de tourbe en pot.

Chez certaines plantes d'appartement, on peut faire s'enraciner des bouts de tiges ; par exemple pour des espèces du genre *Monstera, Philodendron* et autres. On coupe une tige en autant de parties qu'elle a

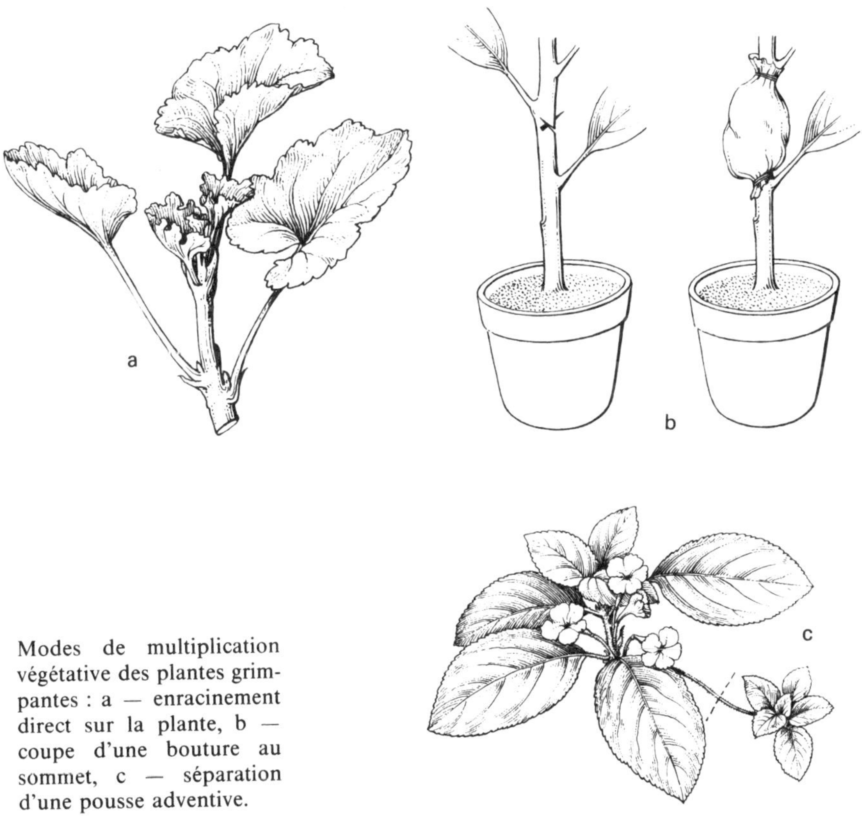

Modes de multiplication végétative des plantes grimpantes : a — enracinement direct sur la plante, b — coupe d'une bouture au sommet, c — séparation d'une pousse adventive.

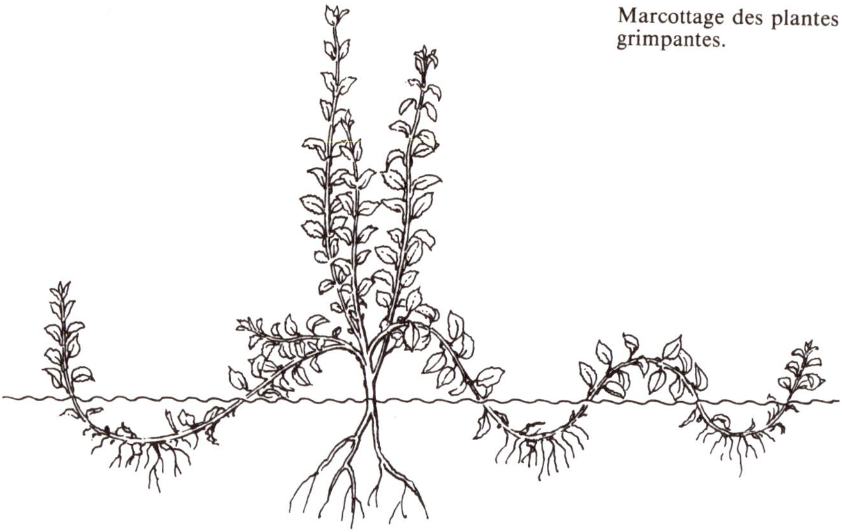

Marcottage des plantes grimpantes.

de bourgeons, et après avoir saupoudré les surfaces coupées de charbon de bois, on les dispose horizontalement sur une couche de substrat où l'enracinement se fera tôt ou tard, et une nouvelle plante naîtra.

On utilise des morceaux de racines chez les espèces qui ont des bourgeons adventifs sur les racines, comme les espèces des genres *Akebia, Campsis, Celastrus,* et *Wisteria.* Chaque tronçon de racine aura de 4 à 8 cm de long sur 1 à 3 cm d'épaisseur. On les retire avec précaution de la plante-mère, dans le milieu de l'automne, et on les fait passer l'hiver dans du sable humide, en un endroit où ils ne gèlent pas. Au début du mois de mars, on les replante dans de petits pots garnis de terre légère, et on les place à une température d'au moins 9 °C. Au printemps on peut transplanter au jardin, dans une plate-bande.

Chez certaines espèces de plantes ligneuses grimpantes de plein air (comme par exemple les espèces des genres *Actinidia, Lonicera, Parthenoccisus, Wisteria,* etc.), on emploie des boutures ligneuses pour la multiplication. A l'automne, avant l'arrivée des grandes gelées, on coupe des bouts de tiges de l'année, bien mûrs, sur une longueur d'environ 15 cm, on en fait des bottillons, puis on indique le nom sur une étiquette et on les place dans du sable ou de la tourbe humide en un endroit où la température ne dépasse pas 3 °C. Tout au début du printemps, on repique dans une plate-bande préparée au jardin, verticalement et de façon à ce que l'oeil supérieur soit tout près de la surface de la terre. On recouvre d'une litière d'herbe coupée, pour limiter l'évaporation et empêcher la formation d'une croûte de terre. A l'automne ou au printemps de l'année suivante, on transplante les boutures, soit directement en place, soit — pour les espèces à développement plus lent — en pépinière pour deux ou trois ans encore, afin qu'elles y prennent de la vigueur.

On peut multiplier aussi par marcottage presque toutes les espèces de plantes grimpantes et retombantes de plein air. On replie en arc, sur le sol, des pousses d'un ou deux ans, et on enfonce dans la terre en un ou plusieurs endroits. La partie de tige enterrée prend racine, et de nouvelles tiges sortent de la partie demeurée à l'air. A l'endroit où le rejeton doit s'enraciner, on pratique une incision, on découpe une bande, on bride avec du fil ou on emploie un stimulateur. Au bout d'un an, mais pour certaines espèces au bout de deux ou plusieurs années, on sépare, on déterre et on replante.

Dans certains cas, on multiplie les plantes grimpantes d'une façon végétative indirecte par greffage.

Conseils pratiques pour la bonne santé des plantes

Il arrive parfois qu'en dépit de tous les efforts, on ne peut empêcher certaines maladies ou des parasites de se répandre parmi les plantes du jardin ou d'appartement. Par une observation régulière de l'état de santé des plantes, on peut toutefois empêcher le développement de toute une série de maladies ou de parasites, et limiter au moins en une certaine mesure leurs conséquences néfastes.

Les soins nécessaires à la bonne santé des plantes grimpantes d'appartement ou d'extérieur peuvent se résumer en ces dix points :

1. Observer les principes fondamentaux d'hygiène et de culture. On retiendra surtout une absolue propreté du milieu, le désherbage, la suppression en temps voulu des fleurs ou inflorescences fanées, l'emploi de terres et substrats sains. On ne pratiquera la multiplication qu'à partir de plantes saines. On supprimera à temps les plantes attaquées ou certaines de leurs parties. On observera les délais agrotechniques optimaux pour soigner les plantes et pour lutter préventivement contre les maladies et les parasites.

2. Respecter les exigences de chaque espèce quant à l'humidité. Une série de troubles physiologiques est provoquée par un mauvais régime d'arrosages chez les plantes grimpantes et retombantes. Une

insuffisance d'arrosages fait que les plantes se fanet, jaunissent, se dessèchent, que les feuilles tombent, voire même les bourgeons et les fleurs. Au contraire un excès d'humidité permanent, surtout lorsque les températures sont basses, en hiver, provoque le pourrissement des racines suivi du pourrissement de la plante entière, en appartement. Les plantes ligneuses grimpantes et retombantes qui sont à l'extérieur ont, de leur côté, besoin d'assez d'eau même en hiver.

3. Chaque espèce de plante exige une température différente dans les diverses saisons, voire aux divers stades de leur évolution. Une insuffisance de chaleur limite ou arrête la croissance, porte tort au système des racines et provoque le pourrissement des parties souterraines et aériennes de la plante. Chez les espèces tropicales de plantes grimpantes, une température descendant à + 8 °C peut déjà provoquer la détérioration des tissus. Par contre, trop de chaleur du milieu ambiant peut conduire à une croissance excessive, un trouble de la floraison, une fragilisation de la plante et une diminution de sa résistance aux maladies et aux parasites.

Il découle de tout cela qu'une grande quantité de plantes d'appartement exigent une température plus basse en hiver qu'en été. Cela ne veut pas dire qu'il faut transporter souvent les plantes d'un endroit à l'autre ; il est plus facile de choisir un emplacement où il sera possible de régler la température en ouvrant ou fermant un radiateur.

Au jardin, les plantes grimpantes qui aiment la chaleur ont besoin d'être bien couvertes en hiver, de ramilles et feuilles ou, si elles sont particulièrement délicates, d'être rentrées en un endroit où il ne gèle pas, ou bien en serre.

4. Il faut aussi tenir compte du besoin en lumière des plantes, on les placera donc dans un endroit ensoleillé, mi-ombragé ou à l'ombre. L'insuffisance de lumière se manifeste par l'étiolement de la partie aérienne d'une plante : les feuilles sont petites, pâles, les pétioles faibles et étirés. Au contraire de vifs rayons du soleil peuvent provoquer, chez les plantes qui ont besoin d'ombre ou de pénombre, des brûlures sur les feuilles et les jeunes pousses. Il ne faut pas oublier que les plantes n'aiment pas être retournées inutilement, sinon elles réagissent par la chute des boutons floraux ou des fleurs.

5. La plupart des espèces de plantes grimpantes et retombantes apprécient une aération modérée, mais elles ne supportent pas un courant d'air permanent. Il faut aérer les plantes d'appartement même en hiver, naturellement lorsqu'il ne gèle pas. Si un appartement est chauffé au gaz, ou si l'on utilise dans la pièce un réchaud à gaz, il faut

savoir que seules quelques espèces de plantes les plus résistantes le supportent, les autres dépérissent, les feuilles et fleurs tombent, et peu à peu ces plantes meurent. De même, beaucoup de plantes ligneuses de grand air réagissent très mal aux retombées industrielles qui polluent fortement l'air ambiant. Une mauvaise circulation de l'air entre des plantes trop touffues favorise l'apparition de moisissures et champignons nuisibles.

6. On assure un bon développement des plantes en leur donnant l'engrais qu'il leur faut, à temps et en quantité voulue. Une insuffisance de matières nutritives provoque une mauvaise croissance, éventuellement la chute des feuilles et des fleurs. Par contre, trop d'engrais produit une végétation excessivement exubérante. Souvent on donne trop d'azote alors qu'il y a en même temps insuffisance de potasse et de phosphore. Dans ce cas les plantes ne forment pas de bourgeons floraux. L'insuffisance d'un élément (régulièrement le fer) ou le surplus d'un autre (la chaux, par exemple) peut provoquer la chlorose des plantes.

7. Il faut mener une lutte systématique contre les maladies virales. Celles-ci se manifestent par différentes taches sur les feuilles, la déformation des feuilles et des fleurs, le dépérissement de la plante et même sa mort. Ces maladies sont transmises depuis une plante malade par des insectes à suçoir (comme les pucerons) qu'il faut absolument combattre. Un simple amateur ne peut sauver une plante atteinte d'une maladie virale, il faut absolument l'arracher et la brûler.

8. Il est indispensable de venir à bout à temps des différentes maladies bactériennes qui provoquent le pourrissement des tissus tendres du corps aérien et souterrain de la plante. Les plantes atteintes brunissent, forment diverses tumeurs et finissent par mourir. On lutte préventivement par des pulvérisations de produits bactéricides.

9. Il faut également lutter activement contre les maladies provoquées par les champignons et ce qui les fait naître. On y range par exemple l'érusiphe *(Erysiphaceae)* qui fait naître l'oïdium, couche de blanc sur les feuilles et les parties jeunes d'une plante ; la pourriture noble *(Botrytis)* qui forme une couche grise sur les feuilles, boutons et tiges; la rouille *(Uredinales)* formant des taches d'un brun-rouge sur le dessous des feuilles et le noir *(Capnodium)* qui provient des excréments de pucerons, ainsi que d'autres parasites. Comme fongicides, on utilise des pulvérisations de lessive sulfocalcique, de produits cupriques et de soufre.

10. Il ne faut pas non plus négliger la lutte contre les nuisances du règne animal, comme les pucerons, teignes, tétraniques, thysanies, lécanies, papillons, poux, punaises, cochenilles et autres espèces d'insectes à suçoir. On ne doit pas non plus sous-estimer les dommages causés par des prédateurs qui provoquent des dégâts aux parties souterraines des plantes : mille-pattes, cloportes, larves d'agriotes (*Elateridae*), etc. Autant que possible, on donnera la préférence à une destruction mécanique des infections constatées, étant donné que, surtout pour les plantes d'appartement, l'utilisation de produits chimiques est compliquée, désagréable et souvent coûteuse. De plus, il faut observer, au moment de leur emploi, les mesures de sécurité prescrites, toujours indiquées dans le mode d'emploi. Il faut aussi respecter les quantités prescrites, car une dose trop faible ne tue pas les parasites et peut conduire à une augmentation de sa résistance, tandis qu'une dose trop forte peut tuer la plante. Pour connaître concrètement quel est le bon produit à utiliser, le mieux est de s'adresser au vendeur d'un magasin spécialisé, car les chimistes découvrent toujours de nouveaux procédés biochimiques et des préparations de plus en plus efficaces.

Index des noms français

Abutilon 16
Actinidie chinoise 18
Aeschynanthe 20, 22
Akébie 24
Allamanda 26
Ampélopsis 28
Anthure 30
Aristoloche 32, 34
Asclépiade 54, 110, 112
Asparagus 36, 38

Bégonia 40
Bignone 48, 50
Bignonia 48, 50
Bougainvillée 42, 44

Campanule 46
Capucine 200
Celastrus grimpant 52
Chèvrefeuille 122, 124, 130, 132
— de Brown 128
— grimpant 126
Cisse 56, 58, 60, 62
Citrouille 84
Clématite alpine 64
— à petites fleurs 66
— des haies 70
— de Tangut 68
— «Jackmanii» 72
— «Lanuginosa» 74
— «Patens» 76
Clérodendron 78
Cobéa grimpant 80
Columnéa 82

Dentelaire 170
Dipladénie 88

Eccremocarpus grimpant 90
Ephémère 196
Episcie 92

Ficus grimpant 98
Fuchsia 100
Fusain 94

Géranium-lierre 152
Gloriosa 102
Glycine de Chine 204
Grande passiflore 148
Grande pervenche 202
Gynura 104

Haricot ornemental 158
Hortensia grimpant 114

Igname 86
Ipomée 116

Jasmin d'hiver 118

Kiwi 16

Liane au voyageur 56
Lierre commun 108
— de Colchide 106
— terrestre 165
Lonicère de Heckrott 130
— de Tellmann 132
— sarmenteux 124

Misère 196, 206
Momordique 134

«Népenthès» hybrides 138

Orpin 182

Passiflore 150
— bleue 144
— pourpre 146
Pépéromia rampant 154
Pépon 84
Péponide 84
Pétunia hybride 156
Philodendron 136, 160, 162
Piléa 164
Pilée 164
Plombago 170
Pois de senteur 120
Poivrier noir 166
— ornemental 168
Polygonum 96
Pomme de merveille 134
Pothos 172, 180

Renouée 96
Ronce Henry 176
Rosier grimpant 174

Saxifrage sarmentée 178
Scindapsus 180
Sédum 182
Setcreasea 184
Stéphanotis 186
Syngonium 188, 190

Tetrastigma 192
Thunbergie ailée 194
Tradescantie 57, 196, 198, 206
Trompette de Jéricho 48
«Tropaeolum» hybrides 200

Vigne vierge 140
— vierge tricuspide 142

Index des noms latins

Abutilon megapotamicum 16
— — 'Aureum' 16
— *pictum* 16
— — 'Thompsonii' 16
— *vexillarium* 16
Actinidia arguta 18
— *chinensis* 18
— *kolomikta* 18
Aeschynanthus boscheanus 22
— *marmoratus* 22
— *parasiticus* 22
— *radicans* 20
— *speciosus* 22
— × *splendidus* 22
— *tricolor* 22
Akebia quinata 24
Allamanda cathartica 26
— — 'Williamsii' 26
Ampelopsis brevipedunculata 28
— — 'Elegans' 28
— *hederacea* 140
— *japonica* 29
Anthurium scandens 30
— — 'Violaceum' 31
Aristolochia durior 34
— *elegans* 32
— *gigas* 32
— *grandiflora* 32
— *macrophylla* 34
— *sipho* 34
Asparagus asparagoides 36
— *densiflorus* 38
— — 'Meyeri' 38
— — 'Sprengeri' 38
— *medeloides* 36
— *plumosus* 36
— *setaceus* 36
— — 'Nanus' 36
— — 'Tenuissimus' 36
Atragene alpina 64

Begonia limmingheana 40
Bignonia chamberlaynii 26
— *radicans* 48
Bilderdykia baldschuanica 96
Bougainvillea × *buttiana* 44
— *glabra* 42
— — 'Sanderiana' 43
— *peruviana* 44
— *spectabilis* 44
Bowiea volubilis 37

Callisia elegans 185
Campanula isophylla 46
— — 'Alba' 46
— — 'Mayi' 46
Campsis grandiflora 48
— *radicans* 48
— — var. *atropurpurea* 48
— — var. *praecox* 48
— × *tagliabuana* 50
— — 'Madame Galen' 50
— — 'Rosea' 51
— — 'Yellow Trumpet' 51
Celastrus orbiculatus 52
— *scandens* 52
Ceropegia distincta 54
— *hastata* 54
— *linearis* 54
— — ssp. *woodii* 54
— *woodii* 54
Cissus amazonica 62
— *antarctica* 56
— *discolor* 58
— *gongylodes* 62
— *njegerre* 62
— *quadrangula* 62
— *rhombifolia* 60
— — 'Ellen Danica' 60
— *striata* 60
— *velutinus* 62
— *voinerianum* 193
Clematis alpina 64
— — 'Alba' 65
— — 'Columbine' 65
— — 'Pamela Jackman' 65
— — 'Ruby' 65
— *florida* 74
— — 'Belle of Woking' 74
— — 'Duchesse of Edinburgh' 74
— — 'Proteus' 74
— *grandiflora* 66
— *jackmanii* 72
— — 'Comtesse de Bouchard' 72
— — 'Gipsy Queen' 73
— — 'Jackmanii Superba' 73
— — 'Perle d'Azur' 73
— — 'The President' 73
— *lanuginosa* 74
— — 'Blue Gem' 75
— — 'Crimson King' 75
— — 'Henryi' 75

— — 'Nelly Moser' 75
— — 'Sensation' 75
— — 'W. E. Gladstone' 75
— — 'William Kennet' 75
— *macropetala* 65
— *montana* 66
— var. *grandiflora* 66
— var. *rubens* 66
— — 'Superba' 66
— — 'Tetrarose' 66
— var. *wilsonii* 66
— *patens* 76
— — 'Bagatelle' 76
— — 'Daniel Deronda' 76
— — 'Fair Rosamund' 76
— — 'Lasurstern' 77
— — 'Madame Le Coultre' 77
— — 'Marcel Moser' 77
— — 'Marie Boisselot' 77
— — 'Vyvian Pennel' 77
— *tangutica* 68
— *texensis* 72
— *vitalba* 70
— *viticella* 68, 72, 76
— — var. *albiflora* 68
— — var. *coerulea* 68
— — var. *kermesina* 68
— — var. *rubra* 68
Clerodendrum thomsoniae 78
Cobaea scandens 80
Columnea gloriosa 82
— — 'Purpurea' 82
— *hirta* 82
— *microphylla* 82
Cucurbita pepo 84

Dioscorea bulbifera 86
— *sansibarensis* 87
Dipladenia 88
— — 'Amoena' 88
— — 'Rosacea' 88
— — 'Rubiniana' 88
— *sanderi* 88
— *splendens* 88

Eccremocarpus scaber 90
— — 'Aureus' 91
— — 'Carmineus' 91
— — 'Roseus' 91
— — 'Ruber' 91
Epipremnum aureum' 172
Episcia cupreata 92
— — 'Silver Sheen' 93
Euonymus fortunei' 94
— — 'Carrieri' 94
— — 'Coloratus' 94
— — 'Gracilis' 94
— — 'Kewensis' 94
— *radicans* 94
— — var. *acutus* 94

Fallopia baldschuanica 96
Ficus pumila 98
— — 'Minima' 98
— — 'Variegata' 98
— *radicans* 98
— *sagittata* 98
— *stipulata* 98
Fuchsia arborescens 100
— *coccinea* 100
— *corymbiflora* 100
— × *hybrida* 100
— — 'Cara mia' 100
— — 'Gipsy Queen' 100
— — 'Márinka' 100
— — 'Mr. W. Rundle' 100
— *magellanica* 100

Glechoma hederacea 165
Gloriosa rothschildiana 102
— — 'Citrina' 102
Glycine sinensis 204
Gynura aurantiaca 105
— *scandens* 104

Hedera colchica 106
— — 'Dentata Aurea' 106
— — 'Dentatovariegata' 106
— *helix* 108
— — 'Arborescens' 108
— — 'Baltica' 108
— — 'Chicago' 108
— — 'Conglomerata' 108
— — 'Marmorata' 108
— — 'Sagittifolia' 108
Hoya bella 110
— *carnosa* 112
— — 'Exotica' 113
— — 'Variegata' 113
Hydrangea anomala 114
— — ssp. *petiolaris* 114
— *scandens* 114

Ipomoea tricolor 116
— — 'Blaustern' 116
— — 'Crimson Rambler' 116
— — 'Darling 116
— — 'Heavenly Blue' 116

Jasminum nudiflorum 118, 132

Lathyrus odoratus 120
— — 'Danny' 120
— — 'Pink Pride' 120
— — 'White Ensign' 120
Lonicera × *americana* 130
— — 'Atrosanguinea' 131
— — 'Rubella' 131
— *alseuosmoides* 126
— × *brownii* 128, 130
— — 'Dropmore Scarlet Trumpet' 128
— — 'Fuchsioides' 128
— — 'Plantierensis' 128
— — 'Punicea' 128
— *caprifolium* 122, 130
— — 'Pauciflora' 122
— — 'Praecox' 122
— *etrusca* 126, 130
— *flexuosa* 124
— *giraldii* 124
— × *heckrottii* 130
— — 'Gold Flame' 131
— *henryi* 124
— *hirsuta* 126, 128
— *japonica* 124
— — 'Aureovariegata' 124
— — var. *halliana* 124
— — var. *repens* 124
— *periclymenum* 126, 130
— — 'Belgica' 127
— — 'Florida' 127
— — 'Serotina' 127
— *sempervirens* 124, 128, 130, 132
— × *tellmanniana* 132
— *tragophylla* 132

Momordica balsamina 134
— *charantia* 134
— *cochinchinensis* 134
Monstera deliciosa 136
— — 'Borsighiana' 136
— *obliqua* 137

«Nepenthes» 138

Parthenocissus quinquefolia 140
— — 'Engelmannii' 140
— *tricuspidata* 142
— — 'Gloire de Boscoop' 142
— — 'Veitchii' 142
Passiflora alata 150
— *bryonioides* 150
— *caerulea* 144
— — 'Constance Elliot' 145
— *edulis* 146
— *incarnata* 146
— *quadrangularis* 148
— *racemosa* 150

— *suberosa* 150
— *trifasciata* 150
Pelargonium lateripes 152
— *peltatum* 152
— — 'Amethyst' 153
— — 'Berliner Balkon' 153
— — 'Lachskönigin' 153
— — 'Morgenlicht' 153
— — 'Mrs. Banks' 153
— — 'Pilatus' 153
— — 'Ville de Paris' 153
Pellionia deveauana 41
— *pulchra* 40
— *repens* 41
Peperomia serpens 154
— — 'Variegata' 155
— *scandens* 154
Petunia axillaris 156
— × *hybrida* 156
— — 'Feuerschein' 157
— — 'Lavina' 157
— — 'Magentarot' 157
— — 'Violacea' 157
— *violacea* 156
Pharbitis purpurea 117
— *rubrocaerulea* 116
Phaseolus coccineus 158
— — 'Albiflora' 158
— — 'Bicolor' 158
— — 'Scharlachrote Riesen' 158
Philodendron amazonicum 163
— *erubescens* 160
— — 'Burgundy' 160
— *laciniatum* 163
— *melanochrysum* 160
— *oxycardium* 161
— *scandens* 160
— *squamiferum* 162
Pilea microphylla 164
— *muscosa* 164
— *nummulariifolia* 165
Piper nigrum 166
— *ornatum* 168
— *porphyrophyllum* 168
— *sylvaticum* 169
Plectranthus australis 207
— *oertendahlii* 207
— *parviflorus* 207
Plumbago auriculata 170
— — 'Alba' 171
— *capensis* 170
Polygonum baldschuanicum 96
Pothos argyraeus 180
— *aureus* 172

Rhaphidophora aurea 172
— — 'Erich Gedalinus' 173
— — 'Marble Queen' 173
Rhoicissus rhomboidea 60
Rosa 174
— *canina* 175
— — 'Coral Dawn' 175
— — 'Ilse Krohn Superior' 175
— *kordesii* 175
— — 'Leverkusen' 175
— — 'Morgengruss' 175
— *wichuriana* 175
Rubus henryi 176
— *reflexus* 176

Saxifraga sarmentosa 178
— *stolonifera* 178
— — 'Tricolor' 178
Scindapsus aureus 172
— *pictus* 180
— — 'Argyraeus' 180
Sedum sieboldii 182
— 'Mediovariegatum' 182
Senecio doria *182*
Setcreasea pallida 184
— *purpurea* 184
Stephanotis floribunda 186
Syngonium auritum 188, 190
— *podophyllum* 190
— — 'Albolineatum' 190
— — 'Green Gold' 190
— — 'Imperial White' 190
— *vellozianum* 188

Tecoma radicans 48
Tetrastigma voinerianum 192
Thunbergia alata 194
— — var. *albiflora* 194
— — var. *aurantiaca* 194
— — var. *bakeri* 194
— — var. *lutea* 194
Tradescantia albiflora 196
— — 'Albovittata' 196
— *blossfeldiana* 198
— *fluminensis* 196
— *venezuelanica* 198
— *viridis* 196
— *zebrina* 206
Trichosporum lobbianum 20
— *speciosum* 22
Tropaeolum majus 200
— *peregrinum* 201

Vinca major 202
— — 'Variegata' 203
— *minor* 203
Vitis veitchii 142
— *voineriana* 193

Wisteria floribunda 204
— *sinensis* 204
— — 'Alba' 204

Zebrina flocculosa 206
— *pendula* 206
— — 'Quadricolor' 207
— *purpusii* 206
— — 'Minor' 206

Table

Caractéristiques des plantes grimpantes 5
Utilisation des plantes grimpantes, rampantes et retombantes 6
Plantes murales 6
Claustra de verdure 8
Plantes grimpantes sur tuteurs moussus et autres 8
Fenêtres et vitrines tropicales 8
Plantes grimpantes et retombantes pour les balcons 10
Rôle des plantes grimpantes dans l'architecture des jardins 10
Pergolas 12
Notation systématique 15
Descriptions des espèces 15
Soins à donner aux plantes grimpantes 208
- Arrosage 208
- Fumures et engrais 208
- Transplantation 209
- Ombrage 210
- Taille et formes 211
- Sarclage et binage 211

Multiplication des plantes grimpantes 212
Conseils pratiques pour la bonne santé des plantes 217
Index des noms français 220
Index des noms latins 221